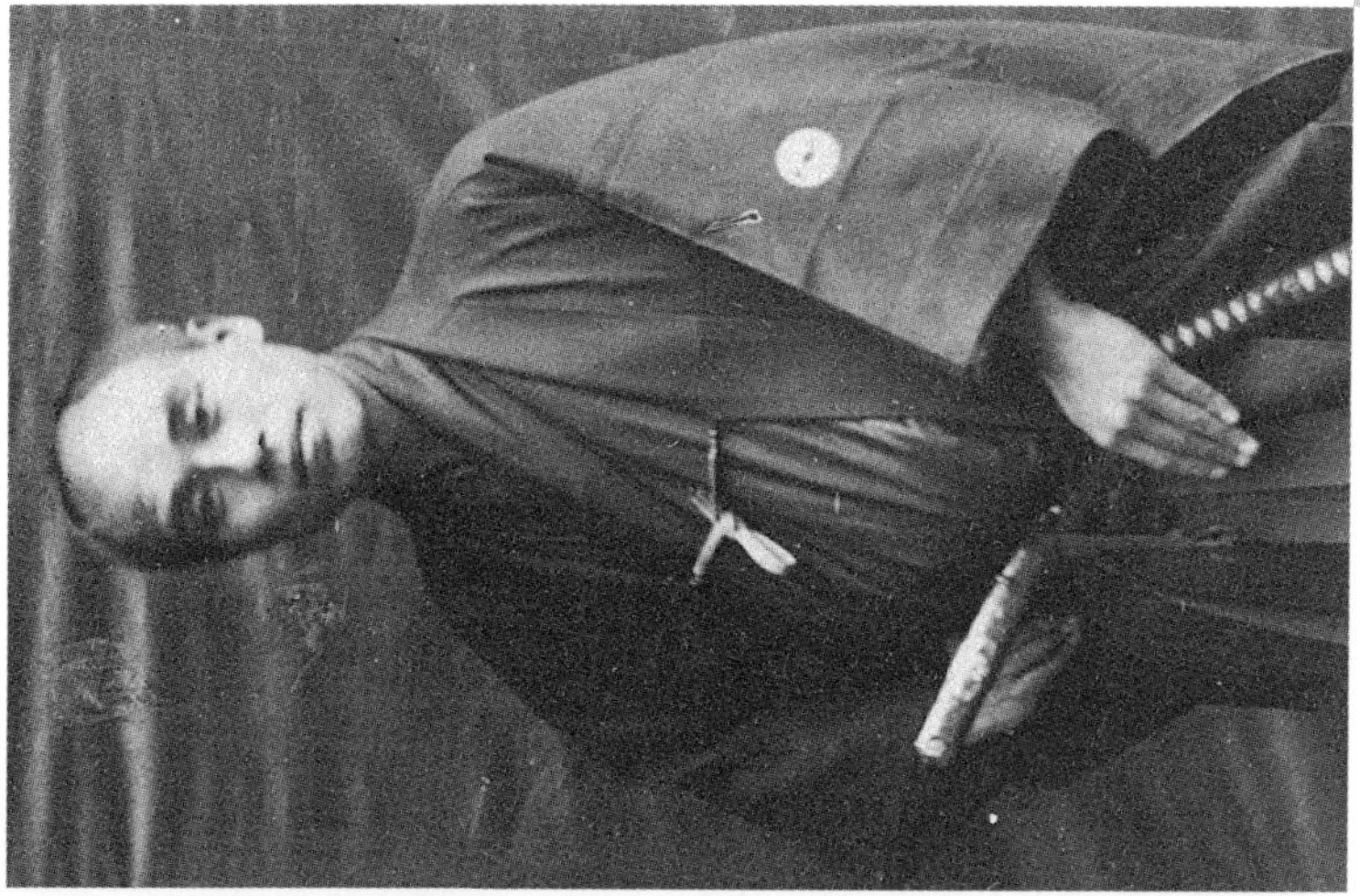

監修者——加藤友康／五味文彦／鈴木淳／高埜利彦

［カバー表写真］
長崎海軍伝習所

［カバー裏写真］
『ヅーフ・ハルマ』（写本）

［扉写真］
福澤諭吉（左）と大隈重信

池田勇太
Ikeda Yuta

洋学書生の幕末維新

福澤諭吉と大隈重信

日本史リブレット人076

目次

①——二人の巨人

旧社会の破壊者

　現在、東京の私立大学で難関校としても知られる慶應《けいおう》義塾《ぎじゅく》大学と早稲田《わせだ》大学は、それぞれ福澤諭吉(一八三四～一九〇一)と大隈重信(一八三八～一九二二)という近代日本国家の建設に大きな役割を果たした人物によって創立された学校である。慶應義塾のもとになった福澤諭吉の蘭学塾《らんがくじゅく》は一八五八(安政《あんせい》五)年に、また早稲田大学の前身である東京専門学校は八二(明治十五)年に始まった。この二人の創立者は、もともと蘭学(オランダ語の書物を通じて行う学問)を学ぶ書《しょ》生《せい》であったが、やがて英学に移り、福澤は明治時代を代表する知識人として、大隈は明治政府を代表する政治家として活躍した。

　彼らは明治国家の草創期において、かたや知識人として時代の進むべき方向を指し示しつつ旧来の政治社会のあり方を言論で痛罵《つうば》し、かたや政治家として新規の事業をつぎつぎに起こしつつ旧来の政治社会を破壊するというように、旧体制の破壊と新国家の建設に力をつくした人物であり、ともに明治史に欠くことのできない大きな存在である。けれども、彼らは人なみ優れて優秀な能力の持ち主であったが、初めから超人的な人物だったわけではない。本書では、彼らがその若き日々においていかなる行路をあゆんできたか、いかにして明治の舞台に登場したかを、その初めに属していた藩士《はんし》たちの世界から離脱する過程を中心に描いてみたい。

江戸《えど》時代というのは、地続きのはずの明治時代からみても異質な世界だった。いや、明治時代から振り返ったときに違和感を覚えるほどに、明治の社会は変化したというべきだろう。福澤諭吉は「あたかも一身《いっしん》にして二生《にしょう》を経《ふ》るがごとく、一人《いちにん》にして両身あるがごとし」(『文明論之概略《ぶんめいろんのがいりゃく》』)といっているが、その二つの人生、二つの体はなにもせずに変わったわけではない。幕末維新期《ばくまついしんき》はそれぞれの個人にとっても激動の時期だったのであり、ことにこの大変革を推し進めた若者たちにとっては尋常ならざる格闘があったはずである。

彼らが格闘したものはほかでもない、みずからのもつ常識であり世界観であった。そして、みずからの属する組織であり世間であった。本書では福澤諭吉と大隈重信という二人の洋学《ようがく》書生の幕末維新史をたどることで、この格闘の軌

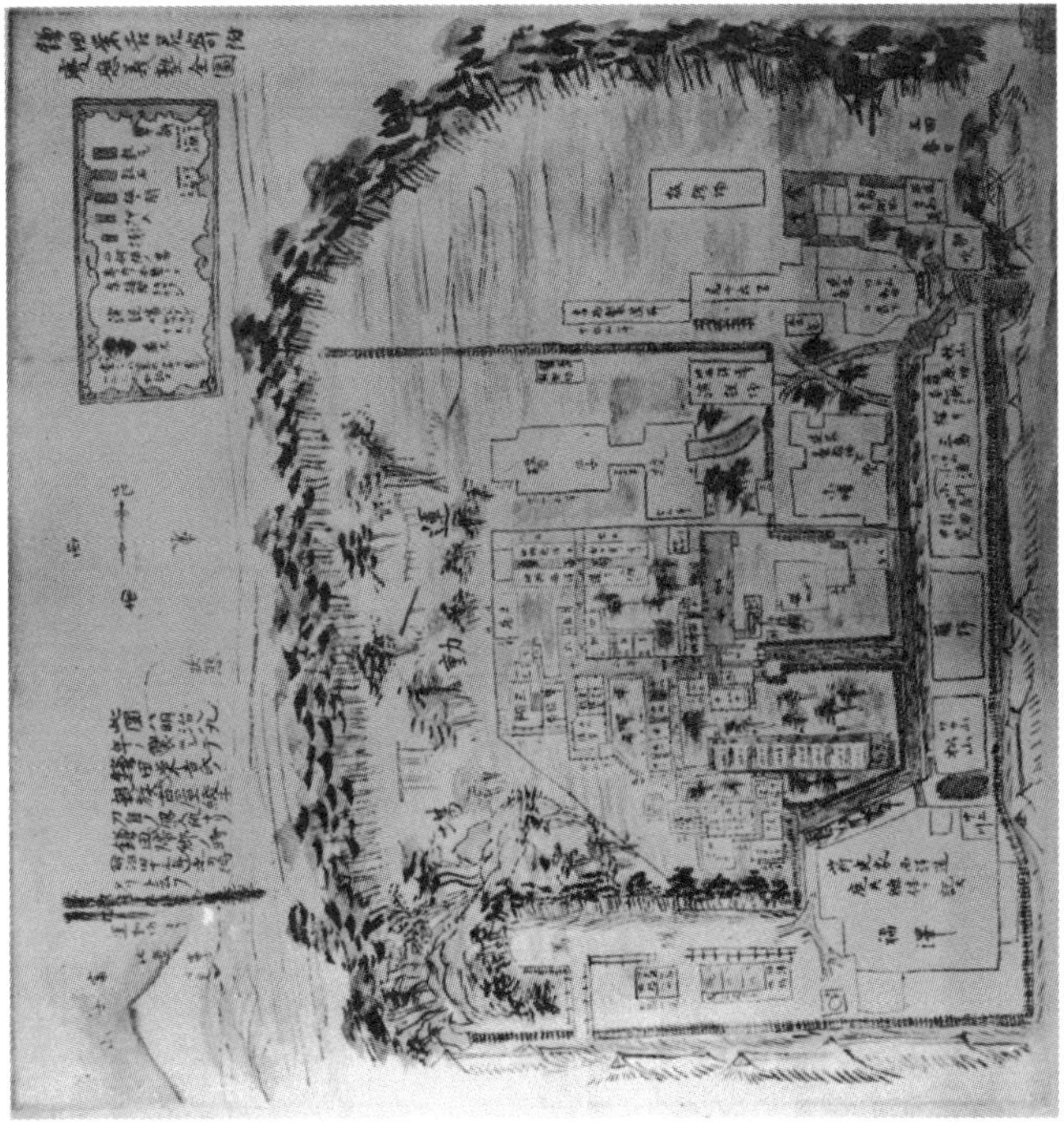

慶應義塾全図（1875・76〈明治8・9〉年ごろ）

早稲田大学の前身　東京専門学校　1884（明治17）年7月26日の第1回得業証書授与式。

跡をかいまみていきたい。それはそのまま時代変革の轍《わだち》でもあるからである。

略歴と二人の関係

ここで、本書では扱わない明治時代を中心に、この二人の略歴を辞書的に紹介しておこう。

福澤諭吉は一八六八(明治元)年当時三五歳で、幕臣だった。幕府《ばくふ》が倒壊すると退身して塾経営と翻訳著述業とで身を立てることにし、「福澤屋諭吉」という名で版元になって、海賊版の横行に苦しみながらも自著を売っていった。彼は慶應義塾を拠点に洋学による国家への貢献を決意し、誰にでも読みやすい通俗的な文章を用いた著述で新しい知識や考え方を広めるとともに、各地での学校の設立を支援し、慶應義塾の分校も建てていった。明治初期の教育界は「三田《みた》の文部省」といわれるほどに福澤の影響が強かったようだ。

彼はまた実学《じつがく》を奨励し、慶應義塾出版局のほか衣服仕立局《いふくしたてきょく》や丸屋《まるや》商社(現、丸善《まるぜん》)、丸家銀行、貿易商会、森村組《もりむらぐみ》、賛業《さんぎょう》会社など多くの実業にかかわっている。横浜正金《よこはましょうきん》銀行▲の設立にも大隈とともに尽力し、塾生や親族を通じて関

▼**横浜正金銀行**　一八八〇(明治十三)年設立の国立銀行。外国貿易金融を行う特殊銀行で、海外荷為替《にがわせ》業務により貿易を活発化することで正貨《せいか》の輸入を促進した。日露《にちろ》戦後は満州《まんしゅう》の中枢的金融機関として支店網を拡大し、管理通貨制移行後は外国為替統制の機関となった。現在の三菱東京UFJ銀行。

係した企業であれば三菱《みつびし》をはじめ多数にのぼる。

　政治・文化活動では、明六社《めいろくしゃ》▲に加わって、演説会を開催するなど時代の牽引役ともなり、明治十年代には明治会堂《めいじかいどう》を建て、交詢社《こうじゅんしゃ》を設立し、『時事新報《じじしんぽう》』を刊行するなど、政治社会への言論による働きかけを活発に行った。著作では『学問のすゝめ』(一八七二〜七六年)において、人びとにあたえられた機会の平等と学問による一身の独立を説き、国民が集まって政府をつくるという考えを普及させ、『文明論之概略』(一八七五年)においては国家の独立を保って文明に進むべきことを唱導した。また自由民権《じゆうみんけん》運動の激しく政府と対立した時期には官民調和《かんみんちょうわ》論を唱え、帝室を政治外における社会統合の存在として尊崇すべきことを論じている。女性の地位向上についての論著も多く、彼の執筆は多岐にわたって多くの影響を人びとにあたえた。

　慶應義塾では朝鮮からの留学生も受け入れていて、福澤は自身の幕末における状況と開化派《かいかは》▲のそれとを重ねあわせてみていたのか、朝鮮の近代化を進めようとする開化派をさまざまな面から支援し続けた。その結果、明治政府の対朝鮮政策を支持する場合も多く、日本のアジア侵略の先棒《さきぼう》をかついだとの評価も

▼**明六社**　一八七三(明治六)年に森有礼《もりありのり》・西村茂樹《にしむらしげき》らによって発起された日本最初の啓蒙《けいもう》知識人結社。『明六雑誌』を発刊した。

▼**開化派**　朝鮮王朝の近代的変革をめざす政治党派。一八八四年には金玉均《きんぎょくきん》・朴泳孝《ぼくえいこう》ら急進開化派が王宮を占拠するクーデタ、甲《こう》申《しん》事変《じへん》を起こしたが失敗して日本に亡命した。

ある。なお彼は一八九四(明治二十七)年の日清《にっしん》戦争を、儒教《じゅきょう》主義の克服につとめ文明を求める日本と、依然として儒教主義に浸かる野蛮の清国《しんこく》との戦争と位置づけ、清国の影響力を朝鮮から排除して朝鮮を独立させる端緒であると、その勝利に誰よりも満足していた。

福澤は一九〇一(明治三十四)年、六八歳で死去したが、一方の大隈重信は人生一二五歳説を唱えて二二(大正十一)年に八五歳で死去するまで元気一杯であった。大隈は政治家としての活躍時期が長い。かりに一八六九(明治二)年に明治政府の参与兼外国官副知事となった三二歳から数えてみても、最後に彼が総理大臣として率いた第二次大隈内閣が総辞職したのが七九歳の一九一六(大正五)年で、四八年間もある。その仕事を数え上げていたらきりがないだろう。

一八八一(明治十四)年に明治政府を下野《げや》するまで、大隈は明治政府の中心人物だった。初め外国官副知事として外交を担った彼は、贋造《がんぞう》貨幣・悪貨幣の問題▲が外交問題となったことで、それまでの財政を批判し、明治政府の財政政策をも担うようになった。伊藤博文《いとうひろぶみ》▲はこの時期の大隈の仕事を高く評価して、「今日において朝廷の会計をようやく維持することを得ているのはひとり大隈

▼贋造貨幣・悪貨幣の問題　創立直後の明治新政府が大量に発行した金札《きんさつ》が通貨混乱を惹き起こすなか、戊辰《ぼしん》戦争にかかる戦費調達のためなどから各地で悪質な二分金・偽二分金などが製造されて流通し、開港場で用いられて外交問題に発展した。

▼伊藤博文　一八四一〜一九〇九年。長州《ちょうしゅう》出身。幕末に洋行し維新後は明治政府の官僚として活躍。初代内閣総理大臣となる。内閣制度の創設や明治憲法制定に中心的役割を果たし、日清戦争時には首相だった。一九〇〇(明治三十三)年には立憲政友会《せいゆうかい》を結成して政党政治への道を開いた。

の力でなくてなんであろう」（一八七一〈明治四〉年七月十四日付書簡）と書いている。大隈はその実力を高く評価されて参議《さんぎ》となり、廃藩置県《はいはんちけん》後には岩倉使節団《いわくらしせつだん》が政府要人のなかばを海外へつれだしてしまったあとの留守政府を支えた。この間、大隈は明治新政府の開明派官僚たちの中心にいた。工部省《こうぶしょう》を設立し、鉄道をしき、電信を伸ばし、灯台を設置して、製糸場をおき、郵便制度、博覧会、太陽暦《たいようれき》の採用、地租改正《ちそかいせい》等々、開化政策を矢継ぎ早に進めていったのである。およそ明治前期の重要政策において、大隈はたいていのことに関係していたといえるだろう。

ところで、福澤諭吉と大隈重信というと、人によっては明治十四年の政変を思い起こすかもしれない。大隈が薩長閥《さっちょうばつ》から政府を逐われ下野した政変である。国家路線をめぐり大隈がイギリス型の国家像を打ち出したことや、開拓使官有物払下《かいたくしかんゆうぶつはらいさ》げ事件▲で薩摩閥《さつまばつ》の黒田清隆《くろだきよたか》を攻撃したことから、政府内外には大隈が三菱や慶應グループと結託し、民権派と通じて薩長閥を追い落とそうとしているという陰謀説が流布し、大隈は政府への謀反人《むほんにん》として追放され、大隈の息のかかった官僚や慶應系の官僚たちも職を逐われた。福澤諭吉は直接にこの

▼**開拓使官有物払下げ事件**　一八八一（明治十四）年、北海道開拓使長官の黒田清隆（一八四〇〜一九〇〇年）が同郷出身の五代友厚の関西貿易商会に開拓使の官有施設・鉱山などを低廉な額で払い下げようとし、自由民権派を中心に激しい政府攻撃を惹き起こした事件。

▼井上馨 一八三五〜一九一五年。長州出身。幕末に洋行し、維新後は大蔵省・外務省などで活躍した。のち元老。

▼高島炭鉱 長崎港外にある炭鉱。廃藩後官有となり、後藤象二郎《ごとうしょうじろう》の蓬萊社《ほうらいしゃ》に払い下げられた。三菱が買ってからは三菱の経営の中軸となった。

▼矢野文雄 一八五〇〜一九三一年。福澤の推薦で大蔵省にはいる。政変で大隈とともに下野。立憲改進党を設立し、大隈のブレーンとして活躍する。

▼尾崎行雄 一八五八〜一九五四年。福澤の推薦で『新潟新聞』主筆となる。統計院にはいるも政変で大隈とともに下野。一八九〇(明治二十三)年より一九五二(昭和二十七)年まで衆議院議員として活躍。

▼犬養毅 一八五五〜一九三二年。『東海経済新報』を発刊。統計

政変に関係したともみえないけれども、伊藤博文・井上馨《いのうえかおる》・大隈と国会開設について語り、政府系新聞をだしていくことを約束しながら、逆に大隈一派として圧迫を加えられるという仕打ちを受けている。政府からすれば、福澤も大隈もともに脅威だったのである。

福澤と大隈とがいつ出会ったかはハッキリしていないが、一八七四(明治七)年ごろのことのようである。福澤は維新後すでに時代をリードする洋学者として世間の注目をあびながら新政府に出仕せず、大隈は「旧幕府の学者で我《わ》が輩《はい》の門に来ない者はないのに、福澤の奴《やつ》だけは来ない、怪《け》しからぬ奴だ、傲慢《ごうまん》な奴だ」と思っていた。福澤のほうもどうやら大隈にいい印象をもっていなかったらしいが、一夕ある会合で出会い、話してみるとたちまちにして百年の知己のごとく懇意になったという(渡辺幾治郎『文書より観たる大隈重信侯』)。福澤は大隈を通じて三菱に高島炭鉱《たかしまたんこう》を引きとらせたこともあれば、慶應義塾への政府からの借金を申し込んだこともあり、たがいの家も往復すれば、慶應の出身者が大隈の部下となって活躍もするという間柄だった。矢野文雄《やのふみお》・尾崎行雄《おざきゆきお》・犬養毅《いぬかいつよし》などはみな慶應をでて大隈のもとに使われた人物である。

下野した大隈は翌年、ともに政府を去った官僚や彼らと親しい知識人とともに立憲改進党《りっけんかいしんとう》▲を組織した。前年に自由党《じゆうとう》▲が発足し、一月前に立憲帝政党《ていせいとう》▲ができているので流行《はや》りを追った姿であるが、政府内で財政をはじめとする諸政策に通暁《つうぎょう》していた大隈が政府内外にいた知識人たちとつくった政党なので、これまで国会開設を引き札にして自由民権運動を進めてきた自由党系とは違い、政策論議に格段の強みをもっていた。それは政府からすれば脅威であったろう。大隈は『郵便報知新聞《ゆうびんほうち》』▲を手にいれ、早稲田に東京専門学校を設立して、ともに下野した若手の人びとに活動の場所をつくるとともに、勢力の扶植をはかった。しかしこれらに対する官憲《かんけん》の圧迫は厳しく、自由党との泥仕合も行われて、立憲改進党は二年後には活動休止状態になってしまう。

大隈が返り咲いたのは一八八八(明治二十一)年、条約改正《じょうやくかいせい》交渉において伊藤内閣の外務大臣に抜擢されたときで、前任の井上馨の推輓《すいばん》であった。大隈は次の黒田清隆内閣にも外相として留任し、条約改正という幕末以来の国家的悲願を実現して大金星をあげようとした。しかし外国人判事の任用問題などから国内の批判が激しく燃え上がり、最終的に玄洋社《げんようしゃ》▲の来島恒喜《くるしまつねき》に爆弾を投げつけら

院にはいるも政変で下野。一八九〇(明治二十三)年より衆議院議員。一九三一(昭和六)年首相。五・一五事件で暗殺される。

▼**立憲改進党**　都市部の知識人層・商工業者・地方資産家などを基盤とする。イギリス流の立憲君《くん》主制《しゅせい》をめざした。

▼**自由党**　初の本格的政党。自由と権利の伸長、国会開設の早期実現などを訴えて政府と対立し、広範な支持を集めた。

▼**立憲帝政党**　福地源一郎《ふくちげんいちろう》を党首とし、政府支持党として発足。欽定《きんてい》憲法・主権在君《しゅけんざいくん》などを掲げた。

▼**『郵便報知新聞』**　東京の報知《ほうち》社《しゃ》刊行の日刊新聞。矢野文雄が買いとり、立憲改進党の機関紙的役割を果たした。

▼**玄洋社**　福岡の士族《しぞく》結社。国権の伸長をめざし、対外硬《たいがいこう》の運動を行った。

れて大隈が負傷したことで、改正交渉は頓挫した。これによって大隈は右足を失ったのであるが、輿論《よろん》に恐れをなして途中から逃げだした伊藤らに比して、剛骨の政治家として大隈は世間の信用を勝ちえたのであった。

とはいえ政府の圧迫を受けふたたび不遇に陥った大隈は、帝国議会が開かれても初期議会を通じて少数政党の党首に甘んじていなければならなかった。しかしこの間に、世間における大隈のイメージは「陰険」「尊大」「蛇蝎《だかつ》」などの信用しがたい奸物《かんぶつ》というイメージから、粗忽《そこつ》で楽天的な、親しみやすい政治家へと変わっていった(五百旗部薫『大隈重信と政党政治』)。もともと大隈は寡黙な質であり、それがいったん議論となると人の心胆をして寒からしめるような強烈な調子で相手を説き伏せずにはおかないという峻烈さをもっていた。その気性は激しく、一種怖ろしい、近よりがたい思いを人に懐《いだ》かせたという。彼に敵が多かったのも、功績の割に誤解を多く受けたのも、そうした性格に一因があっただろう。

友人の五代友厚《ごだいともあつ》▲が一八七二(明治五)年に手紙で大隈に贈った忠告を読むと、(1)愚説・愚論を我慢して聞くこと、(2)人の論を賞し採用すること、(3)怒気・怒

▼**五代友厚** 一八三五〜八五年。薩摩藩出身の政商《せいしょう》。幕末は長崎の海軍伝習所《でんしゅうじょ》に学び、維新後外国官・大阪府とつとめ一八六九(明治二)年に実業家に転身した。一八八一(明治十四)年北海道開拓使の官有物払下げ事件を起こす。

声を発しないこと、(4)勢いのきわまるところで事務を裁断すること、(5)人をいまず勉めて交際を広めること、とある。若いころの大隈は目から鼻にぬけるような聡明さをもち、覇気にあふれていたから、およばざる人を冷淡に遇するという欠点があったものとみられる。彼は修養に修養を重ねて、その本来もっている楽天的で明朗な性格を表に輝かせられるようにみずからを磨いていったようだ。その変化に早くより気づき、ジャーナリズム上でも彼のイメージ変化を手助けした徳富蘇峰《とくとみそほう》▲は、後年、「大隈の取柄《とりえ》は我慢の強いことであった」と評している(『蘇翁感銘録』)。天性の明るさを発揮するにいたった大隈は、まったく別人のごとく度量広く闊達《かったつ》で、包容力豊かに怒るということのない人となった。彼の右足を奪った来島恒喜に対しても、大隈はその法事のたびに香料を届けたということである。晩年の彼はいつも愛嬌《あいきょう》たっぷりで明るく、すべてが平和で、円満で、どんな煩悶《はんもん》がある人でも彼を訪《おとな》えば爽然として帰路についたという(渡辺前掲書)。

大隈は日清戦争後の一八九六(明治二十九)年、第二次松方正義《まつかたまさよし》▲内閣の外相として入閣し、九八(同三十一)年には憲政党《けんせいとう》▲を率いて内閣を組織した。初の政党

▼**徳富蘇峰**　一八六三〜一九五七年。熊本出身のジャーナリスト。一八八七(明治二十)年、民友社を設立し、『国民《こくみん》之《の》友《とも》』『国民新聞』を発刊した。日清戦後の三国干渉《さんごくかんしょう》を機に平民《へいみん》主義から国家主義に転じ、一九一一(明治四十四)年には貴族《きぞく》院《いん》議員となった。歴史著述も多く、『近世日本国民史』ほか多数の著書がある。

▼**松方正義**　一八三五〜一九二四年。薩摩藩出身。維新に際して長崎裁判所参謀をつとめる。大蔵省租税《そぜい》権頭《ごんのかみ》をへて大蔵卿《きょう》となり、紙幣整理を進める。首相も二度つとめ、元老となる。

▼**憲政党**　一八九八(明治三十一)年、自由・進歩両党が合同して結成した。大隈を首相、板垣退《いたがきたい》助《すけ》を内相《ないしょう》とし、陸海軍大臣以外の全閣僚を憲政党員から起用した憲政党内閣は内紛から四カ月で崩壊し、旧自由党系の憲政党と旧進歩党系の憲政本党に分かれた。

内閣であった。大隈はこのように、明治政府の実力者でありながら政府を下野したことで、明治憲法体制下にあって政党勢力への政権交代の受け皿となり、政党政治への道を切り拓いていく存在となっていた。もっとも、憲政党内閣は短命に終り、ふたたび分裂して憲政本党《ほんとう》となってからは与党から遠ざかってしまった。万年野党になった結果、元老《げんろう》受けの悪い大隈は党首の座を退いて引退せざるをえなくなった。一九〇七(明治四十)年のことである。

しかし引退しても大隈はつねに世間の注目を浴び続けた。早稲田の彼の邸宅にはひっきりなしに客が出入りし、記者たちが集っては大隈の談論を聞いた。彼が旅行にでれば大名《だいみょう》旅行のごとくで、つねに話題をさらって世間をにぎやかにしていた。齢《よわい》八〇に近い彼が一九一四(大正三)年、第二次大隈内閣を組閣するにいたったのも、彼が世間からその名を忘れられずにいたことが一つの要因にあったと考えられている(岡義武『近代日本の政治家』)。

さて、以上は後年の話である。これより本書では彼らの若き日々をたどって、幕末維新という時代の一面をみていくことにしよう。

②—ナショナリズムとアンシャン・レジーム——福澤諭吉

もう一つの世界

福澤諭吉は一八三四(天保《てんぽう》五)年十二月、中津《なかつ》藩士《はんし》福澤百助《ひゃくすけ》の次男として大坂堂島《どうじま》にある中津藩蔵屋敷《くらやしき》の勤番長屋《きんばんながや》で生まれた。父の百助は御廐方《おうまやかた》という下級藩士で、廻米方《かいまいかた》として奥平《おくだいら》家▲の米や物産を取り扱っていた。百助は伊藤《いとう》東涯《とうがい》▲を信奉する漢学者《かんがくしゃ》で、福澤が数え三歳のときに死去してしまったが、その謹直な面影は家風となって、福澤の人格形成に大きく影響した。

百助の風貌を伝える次のような逸話が残っている。ある日古銭蒐集を趣味としていた百助が、銭緡《ぜにさし》▲から古銭をえりだしたまま家人《かじん》に告げず外出したところ、留守中の家人がそれとは知らずに肴屋《さかなや》への支払いにその銭緡を使ってしまった。帰った百助はおおいに驚いたが、あいにくと普段出入りの肴屋でなかったため藩米を扱う人足《にんそく》を雇って捜索し、両三日にしてようやく本人をみいだした。百助はこれを家に呼んで事の次第を語り、先に不足の金額と煩労《はんろう》を謝する銭若干とをあたえて不注意の罪を詫びたという。福澤の兄弟はこのような亡父の姿を

▼**奥平家**　徳川譜代《ふだい》の大名家で享保《きょうほう》以来豊前国中津一〇万石を襲封《しゅうほう》。福澤諭吉は廃藩後も奥平家の世話をし、礼を欠かなかった。

▼**伊藤東涯**　一六七〇〜一七三六年。儒者。伊藤仁斎《じんさい》の子で、古《こ》義学《ぎがく》派を継いで大成した。

▼**銭緡**　当時の大坂では銅銭《どうせん》九六文を銭緡に貫いて、これを「九六の百文」と呼んで緡のまま一〇〇文として通用させていた。授受の際も長さをみるばかりで数は数えなかった。

母から聞いて育ったのである。

百助が死ぬと、母お順《じゅん》は五人の子どもをつれて豊前《ぶぜん》の中津へ戻った。このとき長兄の三之助《さんのすけ》は一一歳、その下に女子三人と赤子の諭吉をかかえた母子家庭である。一三石《こく》二人扶持《ぶち》という小禄《しょうろく》のなか五人の子どもを養育し家計を切盛りしていたお順は、家事の合間に毎日何匁《もんめ》と糸を引き、少しのあいだも手をむなしくしてすごすことがなかったという。お順は世間的にいえば下級武士の寡婦《かふ》であったが、身分の低い者たちをも気安く近づけ、軽蔑もしなければ言葉づかいも丁寧に接していた。貧しいなかにもいつも座右に一升か五合の米を備えておいて、托鉢僧《たくはつそう》でも物乞いでも門に立って施しを乞う者があるとすぐに立って一握りずつその米を施与するのをなによりの楽しみにしていたといわれる。

福澤は物心がつく前に大坂を離れ、中津で成長した。にもかかわらず、彼は大坂生まれであるというアイデンティティを強くもって育ち、中津の侍《さむらい》世界とは異なる世界を意識の底に潜ませていたようだ。彼は自伝において、自分たち兄弟五人はどうしても中津人に混和《こんわ》できなかったと語っている。それというのも、福澤の兄弟姉妹は大坂言葉で、着物も髪のゆい方も大坂風であったから、自然中津の子らとはたがいにおかしいような気がして一緒になれない。またなき父親の儒者《じゅしゃ》らしい潔癖な気風が家庭内に存していて、いわず語らずのうちに高尚に構え、心のなかには中津人は俗物であると思ってなんとなく目下にみていたのだと福澤は告白している。考えてみれば彼が師について本格的に勉強を始めたのは十四、五歳のときであり、遅すぎるといわねばならない。周囲の子らと一緒に塾へいかなかったのである。外の子らと交わりもせず家のなかの兄弟ばかりで遊んでいたという彼の証言は、本来ならば腕白《わんぱく》盛りの子どもがある孤立を味わっていたという事実を伝えている(そのため彼は木登りも水泳も不得手であった)。彼は中津の侍世界に育ちながらも、本来の自分は別の世界に軸足をおいた人間だと思っていたのかもしれない。

福澤は数え五歳で供番《ともばん》の服部五郎兵衛《はっとりごろべえ》から四書《ししょ》の素読《そどく》を授かり、ついで野本《のもと》白巌《はくがん》に学んだ。しかし一八四一(天保十二)年、野本が藩政《はんせい》で失脚し隠居に追い込まれたため、八歳で課業を停止してしまった。現在でいえば小学校に相当する時期をまるまる勉強せずにすごしたことになる。本が大嫌いだった少年は読書も手習いもしないままにすごしていたが、やがてまわりの子らがみな本を読むのに自分ばかり読まないのもきまりが悪いと思ったか、塾にかよいだした。すでに年長になってからの入学であったから、ほかの子が『詩経《しきょう》』や『書経《しょきょう》』を読む横で『孟子《もうし》』の素読を授かるほど著しく勉強が遅れていたという。だが、よほど腰をすえて取り組んだものか、彼は急速に学力を身につけていった。

　とくに物心ついてからの勉強であったためだろう、彼は漢籍を読むにもほかの子どもたちのように意味もわからず暗唱するのではなく、その意味を解釈する面で力を発揮したようである。朝に素読を授けてくれた先輩と昼に会読を行うと勝ったものだというのは、後年の福澤のちょっとした手柄話である。歴史書が好きで、とくに『春秋左氏伝《しゅんじゅうさしでん》』▲を一一回も通読し、おもしろいところは暗記して一とおりの漢学者の前座くらいにはなっていたとみずから述べている。

門閥制度

　そのようにして勉学にも自信がついてきたころ、突然彼の漢籍の師である白《しら》石常人《いしつねと》▲が藩を放逐されるという事件が起こった。ペリー来航と同じ一八五三（嘉永《かえい》六）年、中津藩ではそれまで足軽《あしがる》がつとめてきた城門《じょうもん》の開閉を非役の徒士《かち》

▼**『春秋左氏伝』**　五経《ごきょう》の一つである『春秋』に左丘明《さきゅうめい》が伝（経典の注釈）を付したといわれる歴史書。

▼**白石常人**　一八一五〜八三年。中津藩士で儒者。照山《しょうざん》と号す。亀《かめ》井《い》南冥《なんめい》を信奉していた。一八五四（安政元）年に御固め番事件で藩を追放されたのち、臼杵《うすき》藩の藩校教授となる。

に命じ、下士《かし》たちを憤慨させるという出来事があった。これは福澤の邪推によると、当局者たちは仕事の多い足軽の負担を減らして暇な徒士で代用するといいながら、その実はこれによって費用が省けるわけでも武備が厳重になるわけでもなく、上士《じょうし》と下士との分界をよりハッキリとさせて下士の首をおさえることを意図していたという。これにいきどおった下士たちは異議を唱えたが、ことに白石はこれを藩府が学者を侮辱するものだとして強情に抗議したため処罰されたのだった(御固《おかた》め番《ばん》事件と呼ばれる)。

中津藩奥平家における家臣団《かしんだん》は、細かく数えると一〇〇余りの階級があったが、これを大別すると上士と下士との二階級に分けられた。上士とは儒者・医師・小《こ》姓組《しょうぐみ》以上大臣《だいじん》まで、下士は中《なか》小姓・供《とも》小姓・小《こ》役人《やくにん》格より以下足軽・帯刀《たいとう》の者までであり、上士は下士の三分の一ほどの数だった。徒士は下士である。

一般に身分制度というと士農工商《しのうこうしょう》を思い浮かべ、武士が他の三民に威張ったもののように想起されているが、実は大名《だいみょう》家臣団内部における階級制度、すなわち門閥《もんばつ》制度のほうが日常的に身分的な上下関係を確認され続けるという意味でも厳しいものだったようである。農民たちには武家《ぶけ》に無礼な振舞いをしてはならないという程度の法度《はっと》はあったけれども、細密なルールがあるわけではなかったし、農村に暮していれば武士に接触することもまれである。しかし下士の場合は武家社会で生き、扶持をもらっているわけであるから、常日頃より細かな法に縛られていた。

たとえば下士は路で上士に挨拶をする際、下駄を脱いで平伏しなければならなかった。雨中であれば傘をよけ、路傍に平伏するのである（もっともこれはわざわざ挨拶をする場合である）。下士が上士の家にいっても次の間より挨拶をして、許可をえてのち同間にはいるのであり、逆に上士は下士の家の座敷にまで刀を持ち込むことができた。衣服や言語の違いはもちろんであり、こうした門閥制度は各藩に存在していたが、藩によっては上士が足軽を殺害したとしても罪には問われないという決りまであった。

これらは維新《いしん》後の四民平等《しみんびょうどう》の観点からすればけしからぬ話であるが、幕末《ばくまつ》の下士たちはもとよりそうした身分制度のなかに生活している以上、かかる規則を不平に思っていたかどうかはわからない。それでもこれら格式のうえでの差別の強化には不快を感じたであろう。福澤などは満腔《まんこう》の不平の持ち主で、彼が二〇歳のときに起きた右の御固め番事件はそうした門閥制度の問題が表にあらわれた事件として、彼の記憶に残されていくのである。

徳川幕府《とくがわばくふ》瓦解後わずか数年のあいだに各藩で行われた門閥制度の破壊は、そのあとに続く廃藩置県《はいはんちけん》によってほとんどめだたなくなってしまったが、明治維新という革命が最初に行った変革の一つが門閥制度の否定であったことは留意しておくべきだろう。周知のように維新変革の遂行をおもに担ったのは下級武士たちであった。そうして結果的に立身をしたのも、門閥制度を壊したのも、多く彼らだった。彼らは人材の登用や言路《げんろ》の洞開《とうかい》(それまで塞がっていた国事《こくじ》に関する言論の通路を開くこと)を訴えて、その活動の場を拡げ、出世したのであるが、いわば、幕末維新期においては「国家」や「国事」こそが、下級武士たちを門閥の圧制から解放するものだったのである。

とはいえ、それが下級武士たちの自己解放闘争であったかのようにみるのは目的と結果とを混同した議論であり、正しくない。下級武士たちは第一に生活に窮迫しており、その救済を藩に願って集団行動をとることはあっても、そのために体制をくつがえそうとはしていなかった。また維新変革への行動を起こしたのはむしろそういう私的生活をかえりみずに国事に奔走《ほんそう》した者、いわゆる志士である。しかも志士は下級武士に限ったわけでもない。いずれかといえば青年層の運動である。ペリー来航に象徴される幕末の国家的危機に対して、泰《たい》平《へい》の時代的産物である門閥制度は組織としての危機対応能力を著しく低めていた。意識ある者たちは人材の登用や言路の洞開を主張して危機に対処しようとし、あるいは組織のなかでそれを果たさずに脱藩《だっぱん》をした。国家的危機が深刻さを増し、国内政治が混迷を深めるほどに、各藩では下からの藩当局への突上げが激しくなっていった。それは人事に絡んで党派の争いとなり、御家《おいえ》騒動をも惹き起こした。中津藩のようなほとんど幕末期に活躍のなかった藩でさえ、文《ぶん》久《きゅう》年間(一八六一〜六四)には江戸《えど》家老《がろう》の奥平壱岐《いき》▲が藩主の養子縁組に絡んで失脚したほどである。

幕府が倒れたとき、すでに人材登用・言路洞開は輿論《よろん》となっていた。実力主義の時代が到来して、数年のあいだに門閥制度も破壊された。結果的にみれば、これは下級武士による革命のようにみえるかもしれない。だが、維新変革の推

▼**奥平壱岐**　中金正衡《なかがねまさひら》が本名。?〜一八八四年。中津藩家老。一八六三(文久三)年、宇和島《うわじま》藩伊達《だて》一家より藩主の養子を迎えたことが御家騒動となり隠居。維新後は左《さ》院《いん》に出仕。『西洋法律初学《しょがく》』『内外法制沿革略《えんかくりゃく》』『伝染病予防法心得《こころえ》演解《えんかい》』『衛生手引草《てびきぐさ》』『通俗西洋政治談』など多数の著作がある。

進者たちにとっては、これらは下士層の貧困を救済するために行ったものでも、上士による下士への身分差別を解消するために行ったものでもなかった。「国家」が彼らを解放したのであり、彼らの眼目は区々《まちまち》たる自己の出身階級などにはなかったのである。

ところで福澤家においては、年の離れた兄の三之助が、朋輩《ほうばい》らとしばしば藩風のよくないことを語らったり、時勢論をたたかわせたりしていたという。彼らは水戸《みと》の徳川斉昭《なりあき》▲や松平春岳《まつだいらしゅんがく》▲・江川太郎左衛門《えがわたろうざえもん》▲などに熱をあげていたというから、当時流行の改革論に同調する変革派の若者であったことがうかがわれる。しかし福澤は、毎度兄たちが藩政について愚痴をこぼしているのをみては、「よしなさい、馬鹿々々しい。この中津にいる限りは、そんな愚論をしても役に立つものでない。不平があれば出て仕舞うがよろしい、出なければ不平を云わぬがよろしい」と始終それをとめていたという。福澤らしい処世論であるが、後年の回想なので事実かどうかはわからない。ただ、彼はその言葉のとおり藩のうちにあって現状を変革するという道をとらなかった。

▼**徳川斉昭**　一八〇〇〜六〇年。水戸藩主。会沢正志斎《あいざわせいしさい》や藤田東湖《ふじたとうこ》といった水戸学と呼ばれる尊王攘夷《そんのうじょうい》主義の儒学を奉じる家臣を起用し、海防に意を用い、民政を重んじた藩政改革を実施した。一八五三(嘉永六)年、公儀《こうぎ》の海防参与となる。

▼**松平春岳**　一八二八〜九〇年。福井藩主。ペリー来航後、海防の充実と幕政の改革を建言し、将軍継嗣問題では一橋慶喜《ひとつばしよしのぶ》擁立をはかる。一八六二(文久二)年、政治総裁職《せいじそうさいしょく》に就任して幕政改革を行った。

▼**江川太郎左衛門**　一八〇一〜五五年。韮山代官《にらやまだいかん》。民政改革と海防に力をつくす。高島秋帆《たかしましゅうはん》の砲術を関東に広め、韮山に反射炉《はんしゃろ》、品川《しながわ》に砲台《ほうだい》を築造し、農兵の組織化を試みた。

長崎から大坂へ

彼が中津をでたのは一八五四(安政《あんせい》元)年、二一歳のときであった。ペリー来航のショックは全国の武家に武備の充実が急務であることを自覚させ、かつ海防のために洋式砲術《ほうじゅつ》の導入を促進させた。砲術はオランダ式が優れていると考えられていたから、その研究のためにはさらにオランダ語の原書を読む必要があった。中津をでたいと思っていた福澤は、兄三之助から蘭学修行を勧められて、蘭学のなにとも知らないけれども、むずかしかろうと人間の文字であれば読めるにちがいないと決心し、長崎に遊学することにしたという。

遊学といっても、貧家の子弟であれば学資のあるわけもなく、家老の息子奥平壱岐の世話で寺に寄食し、あるいは砲術家山本物次郎《やまもとものじろう》の食客となって糊口《ここう》をしのぐかたわら、定まった師家に入門することもできずに蘭方医《らんぽうい》の玄関でその門弟子より素読を受け、オランダ通詞《つうじ》の暇をつかまえてはスペリングを学ぶというありさまだった。それでも福澤はみずから律するところははなはだ厳しく、下戸のふりをして大好きな酒をたち、寺でも山本家でもその仕事を万端つとめて、人の寝るころから行灯《あんどん》を占有して学習したと伝えられている。

　彼は山本家で家事雑用をかいがいしくつとめ気にいられたばかりでなく、目の悪い山本のかわりに蔵書の出納や図面引きなどをして諸藩士に応対し、山本家ではずいぶん幅をきかせていたらしい。でる杭は打たれるとか。福澤を山本家に世話した奥平壱岐にとっては主客が顚倒したわけで、国許の父親が、福澤がいては息子の妨げだと、母の病気と偽って呼び帰させたのである。福澤は憤《ふん》懣《まん》やる方なかったけれども、門閥家と争っても益はないとみずから言い聞かせて、母の病気を口実に長崎を引きとらねばならなかった。このとき彼がそのまま中津に戻っていれば、この筋骨たくましい有能な青年は鬱屈《うっくつ》した気持ちをいだいたまま、小さな大名家の下層に埋もれておらねばならなかったろう。しかし彼は長崎をでると、その足で江戸へ向かったのである。大坂生まれという自覚をもっていた彼にとっては、中津だけがその天地ではなかった。

　人生の転機とはこのようなことをいうのだろう。福澤のこの東への旅こそが、彼の人生を拓くものだった。嚢中《のうちゅう》にほとんど持合せがなかったにもかかわらず、彼は一人歩いて下関《しものせき》にいたり、船に乗り、また陸行して、苦しい道のりをようやく兄のいる大坂の中津藩蔵屋敷にまでたどりついた。たどりついてみれば幼

適々斎塾（適塾。大阪市中央区北浜）

い日から聞かされていた父母の地には、まだ彼の赤子だったころを知る人びとも残っており、真実に故郷に帰ったような心持ちを彼に味わわせてくれたという。

兄の三之助は江戸へいくという福澤を大坂にとどまらせて、当時有名な緒方《おがた》洪庵《こうあん》▲の適々斎塾《てきてきさいじゅく》（適塾《てきじゅく》）に入門させた。緒方洪庵は現役の蘭方医であったが、適塾は蘭書《らんしょ》の読解を中心とし、医学とは無関係の兵学《へいがく》や砲術を学ぶ者もその門にはいって学んでいた。福澤はここで明けても暮れても蘭書を読む修行を積むことになった。彼にとってははじめての本格的な蘭学修行が開始されたのである。

▼**緒方洪庵**　一八一〇～六三年。蘭方医。大坂に種痘館《しゅとうかん》を開き、『病学通論』などの著書を著わした。また適々斎塾を開いて多くの人材を育成した。

家督相続

青年福澤諭吉がその自己を十全に暢達《ちょうたつ》しえたのはこの適塾での日々だった。その愉快であったさまは彼の自伝に躍如《やくじょ》としており、それまで堅物《かたぶつ》で喜怒をあらわさず、能弁ではあるが朋輩と狎《な》れあってこなかった福澤が、その持ち前の明るさを発揮し、多くの親友と生涯の師をえたのはこの大坂での三年半であった。田舎の小さな武家社会ではなく、商都大坂の蘭学塾において身分も出身も異なる朋輩たちと青春を送ったことは、福澤の人間性を大きく自由に開花させ、彼を小さな世界から解き放つ足がかりとなったと思われる。

そんな福澤にとって最大の危機は家督相続だった。適塾入門の翌年、兄三之助がリューマチをわずらい、福澤もまた腸チフスをやんで、二人して中津に帰省を余儀なくさせられた。数カ月後、三之助は死去し、福澤はそれまで養子にはいっていた中村の家をでて福澤家を相続しなければならなくなった。兄が死んだことで奥平家の家臣としてのつとめも果たすことになり、一度開きかけた彼の世界はここに閉じられるかに思われたのである。

この危機から福澤を脱出させてくれたのが母お順だった。お順は親戚近隣の反対するなか、福澤を大坂へ再遊させたのである。これに助けられた福澤は、父の代からの借金を家財道具や父の蔵書を売り払うことで弁済し、大坂へと戻った。古寺のような貧家に、病後の老母とまだ三歳の姪の二人だけを残して。

周囲からみれば、貧窮の家庭をも顧みず主家《しゅけ》に奉公《ほうこう》もつくさず、オランダの書物を読むために大坂へでるなどは、理解のできない行為である。にもかかわらず、この有為《ゆうい》の青年は、この小さな世界の常識に抗《あらが》って飛びだした。彼は母に対し、このままでは真に朽ち果ててしまう、とその胸のうちの衝迫《しょうはく》を打ち明けたのである。人一倍道徳感の強い福澤が、忠《ちゅう》に、孝《こう》に、悩まなかったはずがない。おそらく、後年福澤が儒教《じゅきょう》道徳との対決姿勢をとるにいたるまでには、みずからの選んだ道と忠孝との格闘があったのではないかと思う。

のちに一八七〇(明治三)年、福澤は母お順を東京へ迎えるため中津に赴いた際、親族故友に示す一文を冬夜の窓の下で書き上げた。「中津留別《るべつ》の書」というその一文には、彼のこの忠孝との苦闘に対する答えが書かれている。初めに彼は「自主自由」という道を説き、一身の独立が一家・一国・天下の独立になると説いたのち、人倫《じんりん》の大本《おおもと》は夫婦であると述べ(儒教の五倫《ごりん》▲では父子が大本である)、ついで孝に説きおよんだ。親に孝行は当然のことであるが、親もまた子を大切にしなければならない、父子のあいだでもその独立自由を妨げてはならない、と彼は書いている。それはまったく新しい孝の理解だった。君臣《くんしん》にいたっては、人民の名代《みょうだい》が政府であり、その首長が国君《こっくん》だと述べ、共和主義的な理解を示している。そこにおいては、君臣の義は五倫という普遍的な道徳ではないことに

▼**五倫**　儒教で重視された五つの教え。父子の親、君臣の義、夫婦の別、長幼の序、朋友の信。

なる。そして最後に学問にふれ、今や日本の利害を考えれば洋学《ようがく》を学ぶのが急務であると、国家的見地から洋学を学ぶ必要を説いているのである。中津をすて、より広い世界に飛び出た青年は、ここに明快な結論をだした。しかし右の見地に到達するまでには、まだ数年の歳月を要するのである。

江戸にいき、英学を始める

適塾に戻った福澤は同窓の書生《しょせい》たちとともに猛勉強をした。塾内の蘭書をほとんど読みつくし、リセランドの生理書三冊を三遍通読したというほど実力を伸ばし、塾長にもなった。そんな彼を江戸の中津藩邸が蘭学塾の教師として呼んだのは一八五八(安政五)年のことである。当時中津藩では洋式砲術の採用に熱心であり、佐久間象山《さくましょうざん》▲の門下生だった岡見彦三《おかみひこぞう》▲が福澤を推挙したといわれている。福澤は六人扶持の役料を宛行《あてが》われて築地鉄砲洲《つきじてっぽうず》の中津藩中《なか》屋敷の長屋に蘭学塾を開くことになったが、これが今に続く慶應義塾の発祥である。はじめて江戸にでた福澤は着の身着のままで書物などももたず、汐留《しおどめ》の奥平邸をたずねたときにはいかにも身なりが悪いので、初めのうちは門番が取りあわなか

▼**佐久間象山**　一八一一〜六四年。松代《まつしろ》藩士。漢学・兵学・蘭学に通暁《つうぎょう》し、開国を唱えた。勝海舟・吉田松陰《よしだしょういん》ら多くの門人がいる。「東洋道徳、西洋芸術」という言葉を残す。

▼**岡見彦三**　一八一九〜六二年。江戸定府《じょうふ》の中津藩士。佐久間象山塾に砲術を学び、一八五三(嘉永六)年より江戸藩邸に蘭学教師を招聘した。

ったという話が残っている。

さて福澤が江戸へでた一八五八年はあたかも安政の通商《つうしょう》条約▲が米・蘭・露・英・仏の五カ国と調印された年であり、その翌五九(安政六)年の六月には横浜《よこはま》が開港した。すでに蘭学者として門戸を構えるにいたった福澤であったが、ある日開港したばかりの横浜見物にでかけたところ、彼のオランダ語はまるで通じず、店の看板も瓶のラベルも読むことができなかった。彼が接触したのは英語かフランス語であったらしい。オランダ語は欧米列強の公用語ではなかったのである。これまで数年間刻苦して学んできたオランダ語が役に立たなかったことは彼をひどく落胆させた。しかし福澤は、この失望から一転して英語を学びはじめることにした。世間的にはすでに蘭学の先生である彼が、その地位に胡坐《あぐら》をかくことなく、また一から英語の勉強に取り組んだのである。彼は易きよりも難きにつく人だったといえるだろう。

もっとも、英語を学ぶといってもいかにして英語を学ぶのか。蘭学と違い、当時江戸に英語を知る者は数人しかいなかったという。福澤はさまざまな手立てをつくして数少ない英語を知る人びとから教えを受けようとしたがうまくい

▼**安政の通商条約**　一八五八(安政五)年に徳川幕府が米・蘭・露・英・仏の五カ国と締結した修好通商条約。自由貿易を骨子として開港を定める。領事裁判《りょうじさいばん》の採用や関税自主権《かんぜいじしゅけん》の欠如、最恵国待遇《さいけいこくたいぐう》条款《じょうかん》の規定などを含み、明治政府のもとでは不平等条約として条約改正がめざされた。

かず、ようやく横浜で英蘭対訳の辞書を奥平家に買ってもらって独習をすることになった。ところがいざやってみると発音の違いはあるけれども英語はオランダ語の文法と近く、蘭書を読む力を応用して英書を読むことができる。これまで打ち込んできた蘭学は、けっして無駄ではなかったのである。

洋行

　幕末のあいだに福澤は三度洋行《ようこう》している。当時の日本人としては望外のことである。最初の洋行は軍艦奉行《ぶぎょう》の木村喜毅《きむらよしたけ》▲の従者として、そののちは通詞として、アメリカ、ヨーロッパ、そして再度アメリカへと旅した。これらの洋行体験は福澤を国内きっての西洋通《せいようつう》にし、洋学者としての地歩を築かせるとともに、彼が徳川社会の常識を脱け出る視野をあたえたといえる。

　一八六〇（万延元《まんえん》）年、幕府はさきに締結した日米修好《にちべいしゅうこう》通商条約の批准書《ひじゅんしょ》交換のため新見正興《しんみまさおき》▲を正使《せいし》とする使節団をアメリカに派遣した。福澤は江戸の蘭学者の総本山《そうほんざん》ともいわれる桂川《かつらがわ》家に出入りしていた関係から、その親戚の木村喜毅を紹介してもらい、頼み込んで木村の従者としてこの使節団に加えてもら

▼**木村喜毅**　一八三〇〜一九〇一年。旗本。摂津守《せっつのかみ》、号は芥舟《かいしゅう》。軍艦奉行並《なみ》となり、長崎海軍伝習所監督ののち軍艦奉行並となり、咸臨丸総督《そうとく》として万延の遣米使節に加わる。軍制改革に尽力、慶応年間（一八六五〜六八）、軍艦奉行・勘定《かんじょう》奉行勝手方《かってかた》をへて幕府倒壊とともに退隠。

▼**新見正興**　一八二二〜六九年。旗本。一八五九（安政六）年外国奉行となる。翌年日米通商条約批准交換のため初の遣外使節正使となり、世界一周して帰国。一八六四（元治元）年免職となり、六六（慶応二）年隠居。維新後は帰農。

った。木村は長崎の海軍伝習所《かいぐんでんしゅうじょ》▲(カバー表写真参照)監督もしていた旗本《はたもと》で、福澤より五歳年長である。一見して旧識のごとく打ち解けたと、後年木村は語っている。福澤はこの木村の厚遇を忘れず、生涯木村家に礼を欠くことがなかった。

福澤が乗った船は咸臨丸《かんりんまる》で、勝海舟《かつかいしゅう》▲が艦長として乗り組んでいた。のちに福澤は日本人が独力で太平洋を渡ったと自慢しているが、実は途中時化《しけ》にあって勝以下の日本人水夫《すいふ》は船酔いで動けず、同乗していたアメリカ測量船の船長らの助けをえてからくもサンフランシスコに着いたのであった。アメリカでは石づくりで数階建ての建物、馬車、絨毯《じゅうたん》、ガス灯、ドッグなど、みるものふれるものはじめてづくしであった。帰途はハワイ経由で日本に戻っている。

帰朝すると福澤は幕府の外国方に雇われ、諸外国からの外交文書を翻訳することになった。当時の外交文書はオランダ語の訳文がそえられるのが慣例であり、蘭学者が雇われて翻訳にあたったのである。この仕事はオランダ語と英語とを対照しながら訳すことができ、おおいに勉強になったようである。また外国方にある英語文献も借りだすことができた。

▼**海軍伝習所**　一八五五(安政二)年から五九(同六)年にかけて長崎に開設された幕府の海軍教育機関。オランダ人士官が教授にあたり、勝海舟・榎本武揚《えのもとたけあき》らの幕臣や佐賀藩士などの諸藩士が学んだ。

▼**勝海舟**　一八二三〜九九年。旗本。蘭学を学び長崎の海軍伝習に監督として参加。万延の遣米使節では咸臨丸を指揮した。幕府海軍の育成のかたわら政治的にも活躍し、幕府倒壊に際しては処理を行った。維新後、海軍卿《きょう》・元老院《げんろういん》議官《ぎかん》などを歴任する。

ニューヨークを行進する遣米使節団（1860〈万延元〉年）

『環海航路絵巻』 遣米使節団の従者が描いたもの。

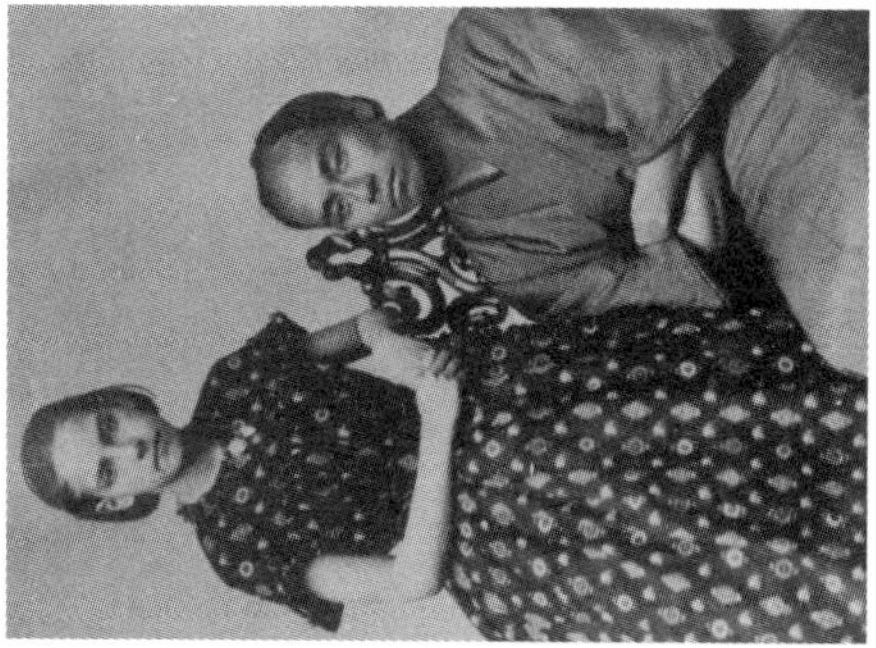

サンフランシスコにて写真館の娘と福澤

そんななか、妻を迎えたのは一八六一(文久元)年の冬である。相手は中津藩の上士である土岐《とき》太郎八《たろはち》の娘きんで、土岐家は奥平一門の別家であったから福澤とは身分違いであるが、太郎八が福澤を見込んでの結婚であったらしい。その前年、福澤はサンフランシスコから土岐に宛てて五月の帰朝予定を報せ、千《せん》里外《りがい》にでて困るのは酒ばかり、帰ったらたくさん飲みたいと、気さくな手紙をだしている。彼は上士のうちにも懇意の存在をえるようになっていた。

結婚した年の暮れから、福澤は通詞としてヨーロッパへ約一年間の洋行にでかけた。竹内保徳《たけうちやすのり》▲を正使とする遣欧《けんおう》使節団への随行で、この使節団は安政条約で決めた兵庫の開港と大坂の開市との延期を交渉することを目的としていた。開港による物価騰貴と攘夷《じょうい》運動の広まりのなか、幕府は和宮《かずのみや》の降嫁《こうか》▲による公武《こうぶ》の融和を画策したのであるが、これに対し朝廷は攘夷を条件に掲げたことから、条約で約束された開港・開市の中止・延期について締約国側と交渉をする必要が生じたのである。結局幕府の甘い見通しはヨーロッパのいく先々で頓挫するが、使節団はまた西欧各国の政体・風俗・軍事・産業・貿易などの調査も任務としており、福澤ら渡航者のえた経験は大きな意味をもっていた。訪問国はフ

▼**竹内保徳**　一八〇七～?年。旗本。勘定吟味役《ぎんみやく》、箱館《はこだて》奉行をへて勘定奉行、一八六一(文久元)年外国奉行兼任。文久の遣欧使節の正使として締約各国を歴訪し、開港・開市延期交渉を行う。

▼**和宮の降嫁**　幕府は条約締結問題などを原因とする朝廷との関係悪化を修復し、公武の一和《いちわ》を示すため、仁孝《にんこう》天皇の皇女《こうじょ》和宮(一八四六～七七年)の将軍徳川家茂《いえもち》(一八四六～六六年)への降嫁を願い、一八六二(文久二)年に実現した。この婚姻は攘夷の実施を条件として許可され、現実の幕府の対外政策と矛盾していたことから大きな政治問題となった。

ランス・イギリス・オランダ・プロシア・ロシア・ポルトガルである。

このヨーロッパ行きは前のアメリカ旅行に比べて旅程も一年と長く、歴訪先の多さからいっても、実際に調査を行ったことからしても、本格的な西洋体験というべきものだった。はじめて鉄道に乗り、銀行・工場・寺院・学校・病院などを見学し、舞踏会やクラブにもでかけた。彼は好奇心旺盛に先々で知己を求め、国の制度から海・陸軍の規則、貢税の取立て方などを逐一問いただし、これまで書物のうえで調べてきたことも百聞は一見にしかずと、おおいに益をえたようである。とくに書籍にも載らないような、ヨーロッパでは当たり前と思われていることほど謎だったから、この直接の洋行が彼の西洋理解を格段に深めたことは大であった。とはいえ、福澤ら洋学者の行動につねに目付《めつけ》が同行して監視したため、まるで鎖国《さこく》をかついで外国にきたかのようにおおいに不自由だったという。

この旅先のロンドンから奥平家の用人島津祐太郎《しまづすけたろう》▲に宛てた福澤の書簡が残っており、当時福澤がなにを意識していたかを知る手掛りになっている。略意を掲げると次のようなものである（一八六二〈文久二〉年四月十一日付島津祐太郎宛書

▼**島津祐太郎**　一八〇九〜七八年。中津藩士。元締役、目付役などをへて用人となる。奥平昌邁《まさゆき》の補佐役もつとめる。

オランダにてくつろぐ福澤(一八六二〈文久二〉年)

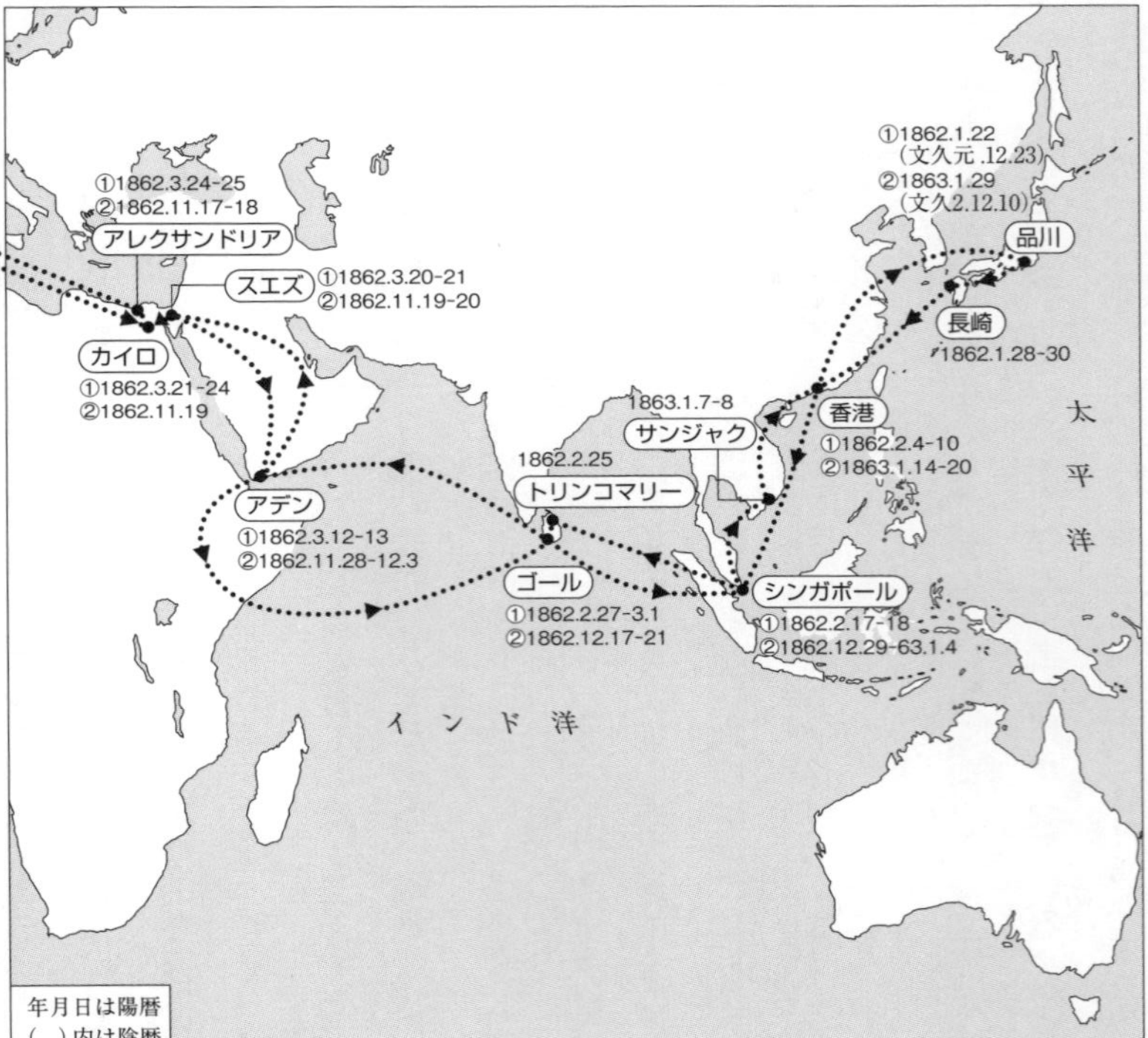
品川
①1862.1.22
(文久元.12.23)
②1863.1.29
(文久2.12.10)
長崎
1862.1.28-30
香港
①1862.2.4-10
②1863.1.14-20
サンジャク
1863.1.7-8
シンガポール
①1862.2.17-18
②1862.12.29-63.1.4
トリンコマリー
1862.2.25
ゴール
①1862.2.27-3.1
②1862.12.17-21
アデン
①1862.3.12-13
②1862.11.28-12.3
スエズ
①1862.3.20-21
②1862.11.19-20
カイロ
①1862.3.21-24
②1862.11.19
アレクサンドリア
①1862.3.24-25
②1862.11.17-18
太平洋
インド洋
年月日は陽暦
(　)内は陰暦

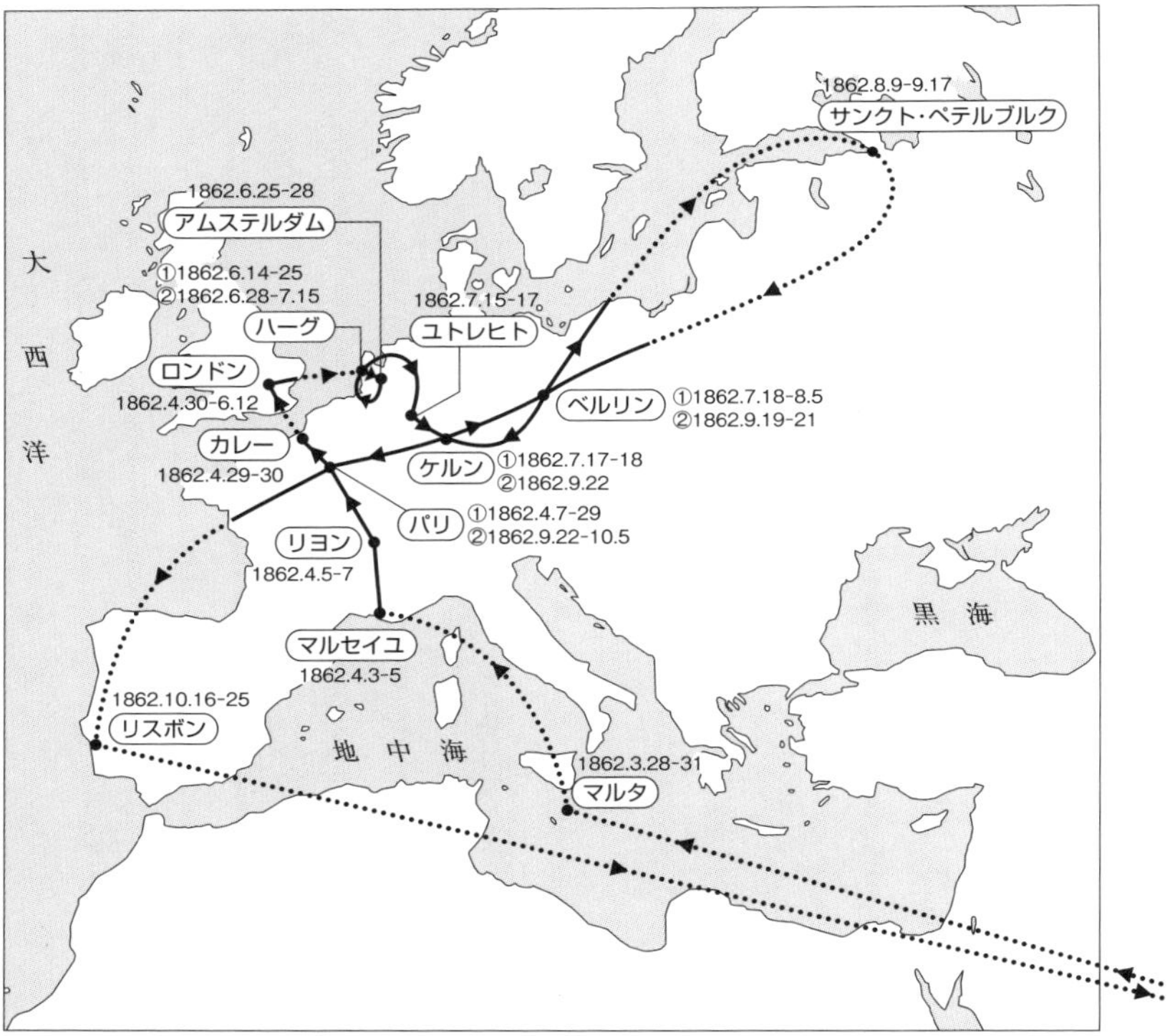

1862（文久２）年のヨーロッパ行旅程図　福澤は1862年から63（文久３）年にかけて遣欧使節団に随行しヨーロッパをまわった。福沢諭吉事典編集委員会編『福沢諭吉事典』より作成。

簡)。

　これまで奥平家でも軍制改革や洋学の振興をしてきましたが、なかなか進まずにおります。しかしこのたび外国の事情をよく考えたところでは、わが国もこれまでの制度は変革なくしてすまないでしょうし、さすれば諸藩もその分に従ってそれぞれ改制を加えるのは必定です。肥前侯《ひぜんこう》(佐賀藩)などはとくからその見込みとみえて、今度も家来を二人、使節の従僕として頼み込んでおり、これはまったく欧州の実地研究のためと思われます。どうか御家(中津藩)においても肥前侯に先鞭をつけられぬよう大変革の処置をとられたく、私も微力のおよぶところは勉強をして亡父兄の名を損なわぬようにしたいと願っております。

福澤は洋式軍隊への移行や洋学の振興を含む制度変革が必至であることを伝え、奥平家でも率先して洋学を推進するべきだと伝えている。では洋学を振興するとはどういうことなのだろうか。同じ手紙で福澤は大略次のように述べている。

　当今の急務は富国強兵《ふこくきょうへい》です。富国強兵のもとは人物を養成することです。これまで奥平家では人物を抜擢するのに漢籍を読むことを優先してきましたが、漢籍を読んできた人びとが実際に役に立っているわけでもないようです。とすれば人物を養成するには必ずしも漢籍を読むにもあたらないのです。あなたは中津で人望もあり、事を始めるにもやりやすい立場にいらっしゃるでしょう。どうかこれらのことを考えて、できることなら一日も早く思い立って、実地にほどこして用をなす人物を育てることが肝要です。

富国強兵のためには人物を養成しなければならないが、そのためには漢籍ではなく洋学を振興する必要があるというのである。この、外国と対抗して日本も富国強兵につとめねばならないという意識、そのために洋学が必須であるという確信は、福澤のその後の思想の基軸になっていくものである。この段階では諸大名家による自己変革を前提としているが、この富国強兵論はやがて彼をさらに広い境地へと導いていくことになるだろう。

建白

福澤は、中津藩奥平家に対し、今や洋学をもってつくすことが可能になった。彼はヨーロッパで大量の書籍を購入して帰朝し、奥平家が新設した医学所《いがくしょ》にも書籍を備えたほか、塾を拡張して英学教育を本格的に開始した。一八六四(元《げん》治《じ》元)年には江戸にでて以来六年ぶりに中津へ帰省し、塾に協力する六人の優秀な青年たちをえて江戸へ戻っている。そのかつて後ろ指をさされながら蘭学修行に中津を飛びだしたことを考えれば、彼はみずから投じた洋学をもってあらたなる生面を切り拓くことに成功したのだといえよう。

この年、福澤は外国奉行支配の翻訳御用を命ぜられ、はからずも旗本となった。陪臣《ばいしん》の、それも下士の出である福澤にとっては立身である。といっても、ヨーロッパから帰朝してみれば政治の変動につぐ変動であり、巷《ちまた》では攘夷運動がもっとも盛上りをみせて、天誅《てんちゅう》と称する闇討《やみう》ちが横行していた時代である。福澤と同僚の手塚律蔵《てづかりつぞう》▲は長州《ちょうしゅう》藩邸で外国の話をしたところ屋敷の若者が激昂して斬ろうとし、追いかけてくるのを堀に飛び込んでからくも逃れているし、やはり同僚の東条礼蔵《とうじょうれいぞう》▲も小石川《こいしかわ》の居宅に浪士《ろうし》が暴れ込んで、裏口からなんとか逃げだしたほどだった。また職務上でも危険がないわけではなかった。福澤は外交文書の翻訳をしていたため、当時の外交機密にかかわっていた。彼はそれらをひそかに写しとっていたが、ある日、神奈川奉行組頭《くみがしら》の脇屋卯三郎《わきやうさぶろう》が親

▼**手塚律蔵**　一八二二〜七八年。洋学者。瀬脇寿人《せわきひさと》とも。周防《すおう》の医家出身。高島秋帆・シーボルトに学び、佐倉《さくら》藩に招聘された。西周《にしあまね》とともに英学を研究し、一八五六(安政三)年幕府の蕃書調所《ばんしょしらべしょ》教授となる。維新後は外務省に出仕。

▼**東条礼蔵**　一八二二〜七五年。長州藩医・蘭学者。緒方洪庵・伊《い》東玄朴《とうげんぼく》に学び、幕府の蕃書調所教授手伝《てつだい》・軍艦操練所教授となる。のち幕臣となり軍艦操練所に出仕した。

戚への書簡で時勢にふれたことから嫌疑を受けて切腹《せっぷく》を命ぜられる事件が起こり、福澤は身の危険を感じてただちに文書を焼きすてている。旗本とはいってもなんの安心もない時代であった。彼は夜間に外出しないことはもちろん、用心に用心を重ねてこの時代を生き延びるのである。

幕臣《ばくしん》となっても福澤は相変わらず江戸の中津藩邸内に塾を構え居住していた。一八六五(慶応《けいおう》元)年十月に福澤が奥平家へ建白《けんぱく》した写本が残されている。引き続き彼は奥平家につくしていたのである。建白の趣意は、条約勅許《ちょっきょ》後の政局が不安定ななかで、いざ公武がうまくいかないときには諸大名の動向が問題になるから、奥平家は幕府側に忠節をつくすことをあらかじめ家中《かちゅう》で断然と決定しておくべきだということだった。また蒸気船《じょうきせん》を購入すべきこと、武備を残らず西洋流に変革し、士分の面々へは洋学を勧めるべきことも建白している(「御時務の儀に付《つき》申《もうし》上《あげ》候《そうろう》書付《かきつけ》」)。福澤はここで忠節といっている。彼は幕臣となり、外交の中枢を覗くなかで、日本国家としての統一的な外交政策の必要性を痛切に感じていた。そのためには幕府が国内の権力をすべるべきであり、諸大名がそれぞれ独立的に動くことは大害をもたらすと考えていたようである。彼のなかでは「国家」という課題が、大きな割合を占めるようになっていたのである。

海外と日本国という視野をもつようになると、それは小さな大名家中の価値観など一笑に付することができるものだった。奥平家へ建白をした翌年一月にも、福澤は島津祐太郎に意見書を送り、次のように献言をしている（一八六六〈慶応二〉年二月六日付島津祐太郎宛書簡）。ここ二、三年来、江戸でも諸藩でもしだいに西洋学をいざなうようになり、先を争って開国《かいこく》へ進歩するようになってきたが、奥平家ではまだ古法旧例を守ってか富国強兵のことについてはみるべきものがない。国家の弊《へい》を歎息《たんそく》するのも書生論ならばこれを救うのも書生の関するところである。よって中津の弊害を列挙し、これを救う策を論じよう。こう福澤は述べて、大略次のように書いた。

中津には「文学」の教えがない。世間見ずの田舎風で、才ある者もない者も門地《もんち》をもってこのうえない天爵《てんしゃく》（生まれつきの徳）と思い込み、世間普通の道理《どうり》というものを知らない。といって真の田舎風を守り尽忠報国《じんちゅうほうこく》のほか他事なしという真心があるわけでもない。才能ある者は狡猾《こうかつ》に流れ、才能のない者は頑固《がんこ》に陥り、みずからよいことをしていると思い込むのでけっして一和することがない。狡猾の才をもって頑固の愚をあやつろうとし、頑固の愚をもって狡猾の才を圧迫しようとしても、ともに無理なことで、ついには争いのもととなり、始末のできかねる場合にいたるだろう。すでに中津の旧習で集会といい、徒党《ととう》といい、義絶《ぎぜつ》といい、仲間喧嘩といい、格式論といい、御役争いというなど、みな争いの一端である。……

これを救うには「文学」を盛んにすることである。現在中津中に「文学」をいざない、人びとの見聞を広くし、人の人たる道理を知らしめ、銘々向かうところを知り安んずるところをえたなら、それぞれ才・不才の分を守ることを知り、これを小にすれば一身の楽にもなり、これを大にすれば国家をうれうるという大趣意を理解して、なんとこれまで喜んでいたことは喜ぶようなことでなく、これまで怒っていたことも怒るようなことでもなく、昨日の争いは今日の譲りとなり、昨日すてたものは今日争うにいたり、御家中の喜怒哀楽は一変して人気が調和し、したがっては富国強兵の道も開けるのではと思います。

ここで福澤は中津の門閥制度をあげつらっているのである。「文学」があれば世間普通の道理、人の人たる道理を理解し、門地などは大事でもなんでもなくなる、そうすれば現在の争いの端をたち、開国に進歩して富国強兵の道も開けるではないかと述べている。

福澤のいう「文学」とは西洋で行われているような学術の意であるが、これはのちに彼が「学問」と呼ぶところのものである。この書簡と一緒に島津に送った「或云随筆《わくもんずいひつ》」という小冊子のなかで、福澤は儒学も大和魂《やまとだましい》も仏教と同様の一宗旨であり、文明の君子《くんし》たらんものはまず見聞を広くし、世界万国の事情に通じて、「万国公法《ばんこくこうほう》宗」という宗門《しゅうもん》にはいりたいものだ、と書いている。儒学や国学《こくがく》という小さな殻を破って、広い見地で理《り》を求めるべきだと彼は考えたのだろう。福澤はこれまでの教育が儒学の経典《きょうてん》を無理に教えてきたことを批判し、「数千年来、儒者が刻苦しても解しかねているほどにむずかしい経書《けいしょ》がどうして子どもにわかるものか」といっている。また漢文は日本人のために不便であるとも書いており、漢文に偏した教育のあり方をやめさせようとしている。のちに展開される福澤諭吉の教育論、儒教批判も、この辺りから始まるのである。

さて同じ「或云随筆」のなかで、福澤は藩士たちの視野の狭さを国家の見地から批判している。「封建世禄《ほうけんせいろく》▲の臣《しん》は国君一身のみに忠をつくすことを知って報国の意が薄い。日本国人に真に報国の意があるなら、開国か鎖国かの議論などせず当然富国強兵をめざす開国主義となるはずだ」と。福澤の議論はこのように、諸外国を意識した国家の観点から開国を唱え、洋学と洋式兵制を盛んにすることをもって富国強兵を実現しようというものだった。そしてその課題意識が、ひるがえってそれを阻害している藩内の諸問題を浮き彫りにさせたのだといえる。とくに洋学や洋式兵制に踏み切れない原因と考えられる儒学偏重の教育や門閥主義を批判する視点を彼は獲得したのであり、それを意見として著わしはじめるのである。

国家の見地から―幕府の外交部局から―国内をみれば、諸大名の封建割拠が外交の混乱する根本原因であることはまちがいない。この一八六六年に行われた第二次長州戦争に際して、福澤は木村喜毅を通じて幕府の当路者へ建白をだして、長州を一挙に制圧し京都を取りしずめて、外国交際のことには全日本国中の者が片言も口出しできないようにすべきである、と主張した。とくに福澤

▼**封建世禄**　封建とは郡県に対置される国制概念で、郡県制が皇帝が官僚を派遣して全国を統治する方法であるのに対し、封建制は諸侯に統治させて皇帝がそれをすべる。世禄とは禄を世々にするという意味で、諸侯のもとで家臣たちが世襲的に身分と家禄があたえられる姿を批判した言葉。

が警戒したのは大名同盟論▲である。薩摩《さつま》などがイギリスと通じて外国新聞紙にその説を掲げていることに危機感をいだいた福澤は、各国への公使《こうし》の派遣や新聞紙への広報などを通じて大名同盟論を否定し長州の罪悪を印象づける必要を説いている。そして、外国の兵力を借りて防長二州を取りつぶし、異論を立てる諸大名へも兵を差し向け、この一挙をもって全日本国封建の制度を一変するほどの威光を輝かしてほしい、と述べている（「長州再征に関する建白書」）。後年の福澤はみずからを政治と一線を画した存在と位置づけたため、幕末においても幕府の行為を斜めにながめ、ただの一度も幕府や藩に建白などしたことがないなどとうそぶいているが、それは事実ではない。

「どのように考えても、『大君《たいくん》のモナルキ』（徳川将軍による一元統治）でなくてはただただ大名同士の齧《かじ》りあいで、わが国の文明開化《ぶんめいかいか》は進まない、今日の世で大名同盟の説などを唱える者は一国の文明開化を妨げる者で、世界中の罪人、万国公法▲の許さないところだ」、と福澤は当時の手紙に書いているが（十一月七日付福澤英之助《えいのすけ》宛書簡）、彼の政局予測はあたらなかった。結果からみれば、長州再征は失敗に帰し、幕府の威光はいよいよ地に堕《お》ちて、将軍による一元統治

▼**大名同盟論**　徳川将軍が日本を代表して諸外国と条約を締結している現状を不十分とし、天皇と連合諸大名とが諸外国と条約を結ぶべきだとする政治構想。

▼**万国公法**　国際法のこと。福澤の言葉にみられるように、幕末日本においてはしばしば「文明」を象徴するものとして理想が投影されていたようである。維新以前の刊行物としては清国総理衙門《そうりがもん》より刊行されたウィリアム＝マーティン訳の『万国公法』と西周の『万国公法』とがあった。

などは実現不可能になっていくのである。

しかし、このとき福澤はすでに大きな課題をみいだしていた。右の書簡中にある「一国の文明開化」という夢である。

『西洋事情』

一八六六(慶応二)年に書いた『西洋事情《せいようじじょう》』初編は、その後の外編(一八六八年)、二編(一八七〇年)とともにベストセラーとなって、洋学者福澤諭吉の名を世に高からしめた。ヨーロッパで見聞・調査した事柄をもとに、諸書を翻訳しながら西洋の歴史風俗などを記述したこの本は、旱天に落ちる雨のごとくに当時の人びとに求められ浸透したのである。彼は数少ない西洋を知る知識人として西洋社会に関する知識を解説し、その誰にもわかりやすい平易かつ通俗な文体をもって人びとの欲していた西洋に対する知識を説いたから、この慶応から明治の初頭にかけて、彼の著書は爆発的に巷間《こうかん》に流布した。その状はさながら鳥なき里の蝙蝠《こうもり》のごとくであったと福澤は回顧している。

初編は福澤の手元から発売した分だけでも一五万部をくだらず、上方《かみがた》方面で

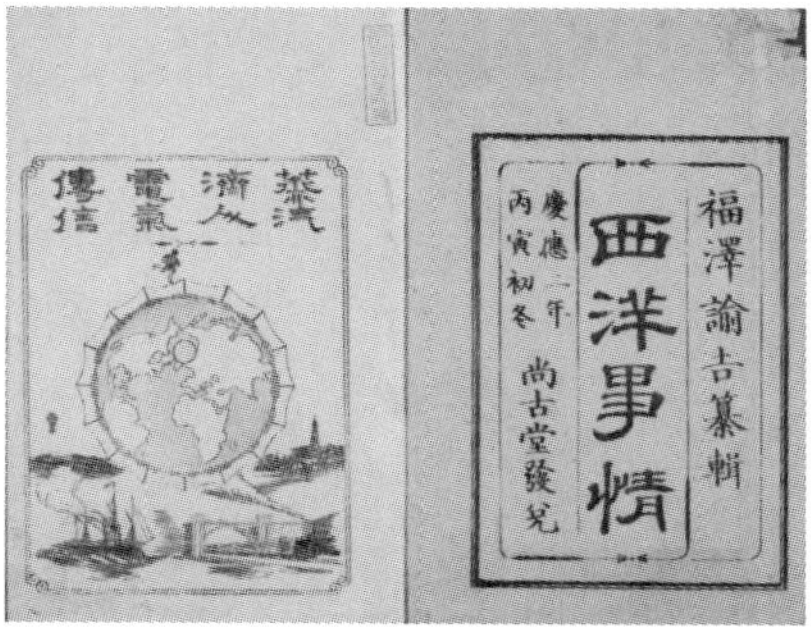

『西洋事情』初編

盛んにだされた海賊版も合めれば二〇万ないし二五万部は固いと福澤は述べているけれども、これは『学問のすゝめ』と同じ程度の発行部数である。かりに二二万部と見積もっても三五〇〇万人の日本人口のうちで割ってみれば一六〇人に一人が読んだということになる数であり、数字に多分の誇張があるとしても、いかに多くの人びとにこの書物が読まれたかがわかるだろう。

そしてこの本にはある秘薬が練り込まれていた。「文明」という秘薬である。福澤はヨーロッパでさまざまなものをみ、そしてその世界に少なからず心酔していた。飛脚屋《ひきゃくや》に頼まずとも切手を貼って箱に投げ入れるだけで安価に手紙が届く郵便制度、豪商《ごうしょう》に御用金をいいつけるのではなく買いたい人の意にまかせて資金を集める国債、人民の名代が集まって国政を議する議会政治、病院、貧院《ひんいん》、盲唖院《もうあいいん》、電信、ガス灯、蒸気、……。彼はこれらに憧れたのだ。日本もできるならばこのようにしたいと思ったのである。そして「文明」という望ましい理想的境地をあらわす言葉を用いて、西洋世界を表現するにいたった(儒教経典ではたとえば上古の聖王舜《しゅん》の徳をあらわす言葉に「文明」という言葉が使われている)。このcivilizationの翻訳語は多くの日本人の西洋観に影響をあたえ、ひいては明治維新という革命の方向に大きな影響をあたえたのである。

たとえば戊辰《ぼしん》戦争当時、軍務官副知事だった長岡護美《ながおかもりよし》▲は、同藩人から贈られた『西洋事情』外編を読んで、その日記に「文明心にいたる」と記した(『長岡雲海公伝』附録巻一)。福澤の筆が当時の指導者たちの心になにものかをもたらしたことは疑いない。一八七〇年前後に長岡護美が藩政改革を進めた熊本藩では病院・貧院をつくり、外国人教師を招聘《しょうへい》している。また御一新《ごいっしん》によって民に仁政《じんせい》をほどこすべきだと考えた東北地方の一官吏は、減税を願い出る建議書において、「西洋各国の地税は概略その地理の二五分の一と聞いている」と書いた(胆《い》沢《さわ》県《けん》大参事《だいさんじ》嘉《か》悦《えつ》氏房《うじふさ》「地租軽減ノ建議」明治四〈一八七一〉年三月、松方正義文書《まつかたまさよしもんじょ》)。この二五分の一という税率も、『西洋事情』初編に書かれた収税法にある数字である。「地理」(地利)とあるのは土地からえられる収益のことで、西洋では土地からえられる歳入の二五分の一を税としてとると『西洋事情』では紹介していた。この税率について、この地方官吏はかなりの薄税と受け取ったようである。けだし、儒教の理想とする孟子《もうし》ですら九分の一の税率を主張していたからである。日本の四公六民という高税率にうしろめたさを感じていた知識人にとって、二五分

▼**長岡護美**　一八四二〜一九〇六年。肥後藩主の弟。文久期に肥後勤王党《きんのうとう》を引きつれて上洛《じょうらく》。維新期に藩大参事として藩政改革を推進。洋行ののち元老院議官・貴族院議員などを歴任。興亜会を起こす。

の一という税率を西洋で実現しているという情報は衝撃だったにちがいない。
また自由民権運動の最初期には「民撰議院《みんせんぎいん》設立建白書▲」を提出した元参議らが幸福安全社というクラブをつくるが、この現在では一見奇妙な名称も、『西洋事情』初編中のアメリカ独立宣言の訳語に由来するとみられるのである。『西洋事情』が描いた「文明」のインパクトがいかに大きなものであったか、推して知ることができるだろう。

では、この『西洋事情』とはどのような本だったのだろうか。まずその構成からいえば、アメリカ・オランダ・イギリス・ロシア・フランス各国について、それぞれ歴史、政治、軍事、財政の四目について書いた本だといえる。加えて初編の巻之一には国別ではなく西洋一般の制度風俗についての概要が掲載されており、政治・収税法・国債など二四の項目がある。これらによって描きだされた西洋の「文明」としての姿とは、たとえば次のようなものだった。

政治では立君《りっくん》・貴族《きぞく》合議・共和《きょうわ》政治の三つの形態があり、イギリスではこの三種類が混在している。アメリカは純粋の共和政治で、人民の代表者が会して国政を議している。そこでは門地・貴賤を論ぜず人望の属する者を立てて長と

▼**民撰議院設立建白書**　一八七四(明治七)年に元参議の板垣退助《いたがきたいすけ》らが政府へ提出した建白書。国会開設を求め、論争を惹き起こした。

なし、国民と協議して政治を行っている。西洋の政治学が主張する文明の政治とは、法律はゆるやかで人びとの自由を尊重し、信仰も政府より妨げず、技術や学問を奨励して新発明の道を開き、学校を建てて人材を育成する。政治は一定して変革せず、政策も信頼を重んじてあざむくことがない。病院や貧院を設置して貧民を救い、人民に飢え・凍えのうれいをいだかせない、というものである。実に公平で仁愛に富んだ世界といえる。

　またたとえば学校については、西洋各国では都府はもとより村落にいたるまでも学校のないところはない、と書いている。六、七歳になると男女ともみな学校にはいる。はじめてはいる学校を小学校といい、小学校ではまず文字をならい、その後自国の歴史・地理・算術・天文《てんもん》・窮理《きゅうり》学の初歩、詩・画・音楽などを学ぶ。それを七、八年学んだのち、大学校にはいる。貧しい子弟のために学費のない学校もある。プロシアでは国内の人民のほとんどが字を知っており、ベルリンには獄屋のうちにも学校を設けている、と書いている。いかにも文運の盛んな地だという印象をあたえる叙述である。

　このように描かれた「文明」の世界に、続く外編では「文明開化」という進歩の概念がはいってくる。アルバート＝M・クレイグによれば、「文明開化」という言葉はアメリカの地理学教科書『ミッチェルの学校地理』に由来する言葉で、civilized and enlightenedの訳語であるという。十九世紀のアメリカ人が世界を文明の発展段階で腑分けした思想である。そこでは世界は未開・野蛮・半文明・文明などと序列がつけられており、それら番付《ばんづけ》のなかでは日本も低い位置にいるとみられていた。福澤が繰り返し外国との対抗のためには学問が必要であると説いたのは、富国強兵のためであるとともに、日本が外国人から軽侮《けいぶ》を受けているという強い意識があったからである。そうであれば日本国のために文明開化をめざすことは、いかにしてもなさねばならぬことだったのである。

外編はジョン＝ヒル＝バートン▲の『政治経済学』（一八五二年）の抄訳で、西洋一般の事情について、社会、外交、政治体制、教育などの概要を説いたものである。未開野蛮の社会から文明化した社会への進歩という公式を織り込みながら書かれているこの書は、おそらく当時の日本人に対して、第一に新しい価値観や人間の生き方を「文明」の名のもとに示し、第二にそれを「進歩」の段階をもってまさにいたらねばならぬものとして認識させ、第三にみずからの社会がそ

▼ジョン＝ヒル＝バートン　一八〇九〜八一年。Burton, John Hill. スコットランドの著述家。エディンバラ大学でスコットランド哲学を代表するウイリアム＝ハミルトンに学び、法律家のかたわら多数の著作を著わした。

『世界国尽』挿絵　福澤は世界が未開・野蛮・半開・文明開化に区分され番付されることを日本人に認識させ，日本の進むべき道を明瞭に示した。図はアメリカの地理学教科書『ミッチェルの新学校地理』の挿絵を転用し，福澤が解説を加えたもの。

の「進歩」の番付としては劣位にあるという意識をもたせる効果をもっていた（こうした文明開化の心性に関する思想的検討については渡辺浩『東アジアの王権と思想』を参照されたい）。たとえば、「草昧夷俗《そうまいいぞく》の国においてはトルコや一五〇年前のスコットランドのように奉行や酋長に無礼をした奴僕《ぬぼく》を切りすててなんのとがめもない」とか、「インドのカーストや日本・中国の士農工商のように人民の種類を分かつ風俗は野蛮の風俗で文明の国ではない」と書いてあるのを、当時の日本人がいかに読んだであろう。『西洋事情』外編がでてよりわずか四年のあいだに、切捨て御免《ごめん》は禁止され、四民平等が唱えられるにいたるのである。

とくに福澤の輸入した新しい価値観のうちで代表的なるものは「自由」と「平等」（「万民同一轍《どういってつ》の通義」などの言葉で翻訳されている）である。この思想をもとにした次のような文章などは、明治の時代を開くものだったといえるだろう。

天が人をつくるにあたっては億兆の人民すべて同じであり、これにあたえるに動かすことのできない権利がある。すなわちその権利とは、みずからの生命を保ち、自由を求め、幸福を祈るなどのたぐいで、他よりこれをどうこうすることはできないものである。世の中に政府を立てる理由は、この権利を固くするための趣旨で、政府たるものはその臣民に満足をえさせてはじめて真に権威があるといえる。政府の処置がこの趣旨にもとるときは、すなわちこれを変革し、あるいはこれを倒して、改めてこの大趣旨に基づき、人の安全幸福を保つべき新政府を立てるのもまた人民の権利である(初編所収のアメリカ独立宣言翻訳より意訳)。

右のような思想は、日本の知識人たちにまったく新しい課題をあたえたことになる。明治の知識人・政治家たちは、圧制政府と民権、そして国体という問題をめぐり、延々と議論を展開し続けることになるのである。

学問の力

戊辰戦争において、幕臣の福澤諭吉は敗者に属した。だが、彼は身近な人びとが戦闘に投じていくなかで、戦争と学問とを峻別し、引き籠って読書・翻訳を行い、洋学教育に従事した。その彼が拠点としたのが一八六八(慶応四)年四月に新銭座《しんせんざ》に開いた学校、慶應義塾である。これまで福澤が開いていた私塾は築地が居留地《きょりゅうち》となったことで明け渡さなければならなくなり、中津藩邸をでてあらたに屋敷を入手し移転したのだった。ここに心機一転して洋学を志す天下の有志が集い学べるような学塾をめざし、元号《げんごう》をとって慶應義塾と名づけたのである。戦争が展開するなかで江戸市中の学問の場は減っていったが、国家のために人びとの知識を開かなければならないと信じる福澤は、この戊辰戦争の時期をとおして頑《かたく》なに学塾を守っている。まもなくこの塾は日本における英学の総本山のごとくなるのである。

官軍《かんぐん》が江戸に近づいてきた三月より、福澤は病気と称して出仕せず、もはや武家奉公もたくさんと徳川家には暇願《いとまねがい》をだし、双刀をすてて読書渡世の身となった。新政府からも出仕の命が再三にわたってきたが辞退し、教育と翻訳著述業に精をだすことにした。

彼がこの時期めざしたのは既述のとおり一国の文明開化である。このために必要なことは、著訳書による知識の啓発と教育だった。とくに意を用いたのは初等教育で、彼は世界地理をわかりやすい言葉で暗唱できるようにした『世界《せかい》国尽《くにづくし》』(一八六九年)や、手習いをしながら世界地理や洋学の初歩が学べる『啓蒙《けいもう》手習之文《てならいのふみ》』(一八七一年)などを刊行している。

福澤によれば、これまで人びとが無知であったのは学問の方向をあやまり、文章の意味を重んじてこなかったためであるという。彼はある手紙のなかでこう述べている。

これまで漢学者流の悪風で、書を尊び文を重んずるなどと唱えながら、聖人の道は高しとして普通の人を導くことを知らず、ほとんど仙人《せんにん》の境界に安んじ、さてその書はなにものとたずねるに、数万巻の書でなくわずかに数十巻の書を数百度も繰り返し読んで、えるところのものはただ「スレーブ」（奴隷）の一義のみ。その一身を奴隷のごとく処しながら、どうしてその国を独立させられるだろうか。どうやって天下の独立をはかることができようか。私はあえてこういいたい、一身独立して一家独立、一家独立一国独立天下独立と。その一身を独立させるのはほかでもない、まず知識を開くことである。その知識を開くには必ず西洋の書を読まなければならない。その洋書を読ませるには、まず文をもって人にそれをよいものだと思わせねばならない。それにはことを簡単にし、広く普及するようにするべきだ。ゆえに翻訳書を多くし、手習いの師匠をそのまま改革して、ことに触れ朝な夕なに天地万物・世界諸国のことを自然に知るようにしたいものです（明治二〈一八六九〉年二月二十日付松山棟庵《とうあん》宛書簡、意訳）。

洋学は知識を開き一身を独立させるために必須のものであるが、そのためには簡単にそれにふれることができるようにする必要があるといっている。そして、従来の漢学教育が陥っていた問題を鋭く突いている。彼のいう「一身独立、一家独立、一国独立、天下独立」は『大学《だいがく》』▲八条目中の「修身斉家治国平天下《しゅうしんせいかちこくへいてんか》」のパロディである。彼は漢学者が信奉するテーゼをもじって新しいテーゼをつくり、もって「奴隷」とは逆の「独立」をいこうとしたのである。広く多くの学問をさせ、そのための間口を広く敷居を低くし、国民一人ひとりの独立をはかることが彼の主眼にあったといえるだろう。

独立というのは自由をえることで、そのためにはみずから産をえなければならない。福澤は武家奉公をやめ、奥平家からの家禄《かろく》も返上して、私塾経営と翻訳著述業によってみずから立とうとした。そこで質素倹約《しっそけんやく》を励行するうえでも、中津にいる老母を迎えて東京と中津との家族をまとめることを思い立ったようである。ところが、中津では姉が不同意で、母も上京をためらっていた。とい

▼『**大学**』　儒教の経典『礼記《らいき》』中の一篇を宋《そう》代に独立させ四書の一つとしたもの。

うのも、奥平家では高名な学者となった福澤の家を取り立ててくれるという話があり、武家奉公をすれば安穏でよいと考えていたからである。これを知って、福澤はおおいにその考え方を批判している。「いまや天下の大名が自家の封土《ほうど》を保つこともできずにいるなかで、家来も心ある者ならそれぞれ相応の活計《たつき》につくことこそ人たる者の本分である。およそ天下の喰いつぶしで大名家の邪魔者は世禄の臣で、一人でも減るのが御家のためというものだ」。福澤にとってはすでにすてた中津の武家社会であったが、中津においてはいまだ旧夢が破られずにいたのである。福澤は、ゆくゆくは禄など丸つぶれになるだろうとみていた。この一八六九年には版籍奉還《はんせきほうかん》▲が行われ、大名家はその封土と人民とを朝《ちょう》廷《てい》に渡して一介の地方官になりさがっていた。各藩では藩政改革が始まり、藩士たちの俸禄《ほうろく》を削り、あるいは人員を削減して、大規模なリストラを進めていくことになる。二年後には廃藩置県▲が断行され、その結果として日本中の武士たちがみずから生計を立てることを余儀なくされるのである。こうした時代にあって、福澤の示した処方箋こそ学問だった。

彼はなぜそれほどに学問を主張したのだろうか。それは一つには学問が人び

▼**版籍奉還**　一八六九(明治二)年に諸藩主から天皇へ版(土地)と籍(人民)を還納させた維新政府の集権化政策。六月、朝廷は奉還建白を受理し、改めて地方官として旧藩主を藩へ派遣、改革を行わせた。

▼**廃藩置県**　一八七一(明治四)年七月に全国の藩を廃止して藩知事を東京へ召還し、あらたに政府の直轄する県をおいた制度改革。武家による全国の分割統治を終らせた。

とのみずからを立てる基本であると考えていたからであるが、また一国の文明開化が学問に基づくと確信していたからでもある。『世界国尽』のヨーロッパ州の項には次のような説明が書かれている。

現在のヨーロッパは文明開化世界第一ということで相違もないことであるけれども、往古《おうこ》はやはり混沌《こんとん》無知、追々開けが進むにおよんでも、中古は封建の世ということでもっぱら武を重んじ、武士の威光が激しくて町人《ちょうにん》百姓《ひゃくしょう》の難渋《なんじゅう》したことも多かったが、二、三百年前より学問の道がしだいに行われ、人の生計も繁盛するに従い、世の人みな智を尊んで力を恐れず、国の政治も自然にその辺りに基づき、しだいに今日のありさまにいたったのである(意訳)。

ここには日本の徳川社会の姿がオーバーラップされているが、それも学問の道が行われれば文明開化に進むものだと考えられているのである。すでに彼にとって封建世禄の社会は恥ずべき姿であり、日本が必ず脱しなければならないものであった。学問をし、知識を開いてみずから産に就くことで独立し、無為無功のまま世禄をえている状態を脱することこそ急務であった。

この『世界国尽』の児童暗唱用の本文には、次のような文章が書かれている。

土地のひろさを較《くら》ぶれば、五大州の末なれど、狭き国土に空き地なく、人民恒《つね》の産を得て、富国強兵天下一、文明開化の中心と、名のみにあらずその実は、人の教えの行き届き、徳誼《とくぎ》を修め知を開き、文学技芸美を尽くし、都鄙《みやこいなか》の差別なく、諸方に建つる学問所、幾千万の数知らず。かの産業《すぎわい》のやすくして、かの商売の繁昌し、兵備整い武器足りて、世界に誇る太平の、その源を尋ぬるに、本《もと》を務むる学問の、枝に咲きたる花ならん。花見て花を羨《うらや》むな、本なき枝に花はなし。一身《ひとり》の学に急ぐこそ、進歩《あゆみ》はかどる紆路《まわりみち》、共に辿りて西洋の、道に栄ゆる花をみん(表記を変えて引用)。

学問が文明開化のもとであり、その結果として富国強兵も商業産業の発展もあると彼は考えていた。そして、それはまず一身の学につとめることから近づきうるのである。福澤にとって、一人ひとりの学問こそがそれぞれの独立の基本であり、文明開化の根源だったといってよいだろう。

③志士の洋学——大隈重信

組織と人材

明治政府は公議輿論《こうぎよろん》▲、人材登用を謳《うた》った政治権力で、福澤諭吉を釣り上げることはできなかったが、参議《さんぎ》という高位にまで登用されたのが大隈重信だった。大隈は幕末《ばくまつ》のうちに志士《しし》としての実績をあげたわけでもなく、薩長《さっちょう》の出身でもなかったが、維新《いしん》政権の草創期においてその行政的手腕を高く買われ、登用された。その才気は義弘《よしひろ》・村正《むらまさ》の名剣のごとくだと木戸孝允《きどたかよし》▲は評し（一八七〇〈明治三〉年八月十七日付書簡）、香港太守《たいしゅ》のヘンネッシーはグラッドストーン▲に宛てて「行政官の人にして大隈君のごとく事務に才幹ある人は他に見受けません」と書いたほどであるから（一八七九〈明治十二〉年八月二十四日付書簡）、有能かつ切れ者であったことはまちがいない。

だが、福澤と違って上級士族《しぞく》に属していた大隈もまた、大名家《だいみょうけ》組織のなかにあってはまったく志を伸ばすことができずにいたのである。

▼公議輿論　人びとが支持する正しい意見の意。幕末から明治にかけて、政権外の者が国家的な問題について政権担当者に意見する際頻繁に用いられ、政治参加の拡大を後押しした言葉。

▼木戸孝允　一八三三〜七七年。長州出身。幕末の尊攘《そんじょう》・倒幕運動に指導的役割を果たす。明治政府の官僚としては長州閥を代表し、領主制廃棄や開化政策を推進した。

▼グラッドストーン　一八〇九〜九八年。イギリスの政治家。首相・蔵相などをつとめる。自由主義を代表する政治家として明治の日本人に知られていた。

正規の課程をはずれる

大隈重信は一八三八(天保九《てんぽう》)年、佐賀の会所小路《かいしょこうじ》(現、佐賀市)に生まれた。福澤諭吉より四歳下になる。大隈家は歴代佐賀藩鍋島家《なべしま》▲に仕える砲術《ほうじゅつ》の家柄で、父の信保《のぶやす》も砲術長として知行《ちぎょう》四〇〇石《こく》の上級士族だったが、大隈が一三歳のときに死去している。

大隈は幼少の折、親戚の子らと遊んではよくいじめられていた。おっとりとして聡明ともみえなかったため、行く末を案じた母三井子《みいこ》は神仏に熱心に祈願したという。その甲斐あってかどうか、大隈は余人もおよばぬ聡明な男に成長した。三井子は『太平記《たいへいき》』や『水滸伝《すいこでん》』『楠公記《なんこうき》』などを愛読して勤王《きんのう》の念が厚く、毎朝早く起きてうがいをするや、はるかに皇居のほうを伏しおがんで天皇の聖寿を祈っていた。子どもの大隈にも毎日のように忠臣の話を聞かせていたという。

彼が藩校弘道館《はんこうこうどうかん》内の蒙養舎《もうようしゃ》(現在の小・中学校に相当)にかよいはじめたのは七歳のときで、通常の課程に従って四書《ししょ》の素読《そどく》からはいり、詩・書・易の三経に進み、おさらいの返読をして、『礼記《らいき》』『春秋《しゅんじゅう》』『文選《もんぜん》』などを読みつつ、『小学《しょうがく》』

▼**鍋島家**　肥前佐賀三五万七〇〇〇石を領する外様《とざま》大名家。長崎に近く長崎御番などをつとめた。幕末には英名の聞こえ高い藩主直正が西洋式の軍事改革を推進。上野《うえの》戦争などで活躍した。

大隈重信生家(佐賀市水ヶ江《みずがえ》)

築地《つきじ》 梁山泊《りょうざんぱく》時代の大隈重信　大隈は1869(明治２)年，築地西《にし》本願寺に隣接する宏壮な旗本《はたもと》屋敷を手にいれた。築地は外国人居留地《きょりゅうち》がおかれた場所でもあり，東京における外国への窓口だった。大隈の屋敷には日々多くの人が出入りし，革新派勢力が集まったことから「梁山泊」と呼ばれた。写真は前列左から伊藤博文，大隈重信，井上馨，後列左から中井弘，久世治作。伊藤は大隈邸に隣接する小さな屋敷に，井上は大隈邸の門をはいった脇の長屋に住んでいた。若き日の覇気に満ちあふれた大隈の姿を今に伝える写真である。

『孟子《もうし》』『論語《ろんご》』の順で会読を進めるということをしたものと思われる。

一六歳で内生寮《ないせいりょう》(現在の高校・大学に相当)に進学した一八五三(嘉永《かえい》六)年は、ペリーが来航した年である。内生になると経学《けいがく》の講究は月に六度ないし九度の式日の午前二時間のみとなり、あとは子・史類を随意に研究する。大隈は強記《きょうき》で、一度熟覧すれば復読せず、機敏に要領をとらえて談論に発したため、同輩の生徒には「駄法螺《だぼら》を吹く」といわれ、不勉強と思われたそうだが、彼は典拠の正確さよりも文意を重んじたのであろう。本人の回想によれば「自分は懶惰生《らんだせい》で、人のように終日書物を読むようなことをせず、理義に通ずることにつとめた。良書と聞いても、大部で容易に読み切れそうにないものは、相当読書力の確かだと思う学生のあいだに吹聴し推奨すると、必ず俺が読もうという熱心家があらわれる。そうしてその者が読み終ったときにどうであったかと訊いてみて、その大要だけを頭にいれ、自分は別に巻数の少ない好書を漁《あさ》ってこれを会得し、自己の薬籠《やくろう》中におさめておくので、なにか相会して議論するときには人には不読書生と思われながらその論鋒は鋭利で、つねに人の上にでた」といっている。

佐賀の藩校である弘道館では朱子学《しゅしがく》を奉じた課程を踏まねばならなかった。鍋島家では一八五〇（嘉永三）年より課業法《かぎょうほう》といって、内生に進んだ者は二五歳ごろまでに学業を成就しなければ家禄《かろく》を全収できず、藩の役人となることができないことになっていた。他藩でも類似の制度があるが、これらは世禄《せいろく》の武士たちにしかるべき能力をつけさせようというもので、人材育成の目的をもっていた。しかしこの制度は、一面ではすべての役人を朱子学の枠にはめようとする窮屈さがあり、大隈は後年これを、多くの俊英な人材を凡庸《ぼんよう》たらしめたと批判している。

もっとも、当時の弘道館内には朱子学派のみがあったわけではなかった。後述するごとく国学《こくがく》・史学を尊重する一派があり、主流の朱子学派と対立していた。大隈は年少のうちからこの国学派にくみしたとみられる。国学派には気骨ある生徒が集まっており、彼らは朱子学派の教官を敬わなかったようだ。大隈より六歳上になる大木喬任《おおきたかとう》▲などは、正月の酒にひどく酔って朱子学派の老儒草場《くさば》佩川《はいせん》▲の背後を罵声をあびせながらつけまわし、堀に落ちて羽織袴から大小まで泥まみれになって友人に引き上げられたという話が残っている（島内嘉市『年

▼**大木喬任**　一八三二〜九九年。佐賀藩出身。明治政府の官僚として東京府知事・民部《みんぶ》卿・文部卿・司法卿などを歴任する。

▼**草場佩川**　一七八七〜一八六七年。佐賀藩儒《はんじゅ》。古賀精里《こがせいり》に師事し、一八一一（文化《ぶんか》八）年、古賀とともに朝鮮通信使《つうしんし》に応対した。藩校弘道館の学風を定め鍋島直大の侍講《じこう》となった。

譜考　大木喬任』)。

大隈が弘道館の正規課程から離れたのは、一八歳の六月のことだった。内生寮には南寮と北寮とがあったが、ある夜この両者が大喧嘩をしたことからその首謀者たちが退校処分を言い渡され、大隈もこれにより退校させられたのである。ところが処罰された者のほとんどが課程をはずれることの不利を父母親族より説諭され、改悛《かいしゅん》して学校へ戻ったのに対し、彼は頑《かたく》なに周囲の訓戒を受けず、みずから謝罪して藩校に戻ることをしなかった。彼が意地を張って戻らなかったのは、彼もまた朱子学派を批判していたためだろう。子弟の身であえて学制を非議し教師を非難したのであれば、長幼・師弟の序を重んずる藩士間でいい顔をされるはずがない。これが彼の人生の最初の転機であった。周囲の者も友人たちも彼の行動を非難したが、母三井子はこのとき息子を強くせめることがなかったらしく、後年大隈はこのことを感謝している。

彼は翌一八五六(安政《あんせい》三)年、蘭学寮《らんがくりょう》に入学して蘭学をおさめはじめた。佐賀藩では藩主が蘭学を奨励しており、前年には長崎での海軍伝習所《でんしゅうじょ》に火術方《かじゅつかた》・蘭学寮・精煉方《せいれんかた》から四八人の生徒を送り込むことまでしていたことから(毛利敏彦『幕末維新と佐賀藩』)、武士に必要な学問と認められてはいたけれども、周囲はこれを好まなかったようである。大隈も藩主より航海術を学ぶことを勧奨されたが、当時一般の武士たちは海軍伝習を「船頭の技術」と賤《いや》しめてみており、大隈もそう思っていたので、家職の砲術に志したいと理由を構えて断わったという。この蘭学寮というのは、初め医学館内に設けられた医学志願者たちの学寮であったのが、理化学の研究が火薬・雷粉《らいふん》も扱ったため、ペリー来航後に火術方に移されて軍事科学の研究機関となっていた(藤野保『佐賀藩』)。彼は、砲術や築城術に関する最先端の学問をここで学ぼうとしたものとみられる。福澤諭吉が蘭学にはいった道と同じである。ただ、大隈は同時に国学を学ぶ者でもあった。

尊王論

一八五四(安政元)年、彼は友人の久米邦武《くめくにたけ》▲とともに枝吉神陽《えだよししんよう》▲・島義勇《しまよしたけ》▲らの義祭《ぎさい》同盟に加わった。佐賀藩における勤王派のグループである。義祭というのは、かつて深江信谿《ふかえしんけい》という者が楠木正成《くすのきまさしげ》の木像を製作して佐賀城下にまつったこと

▼**久米邦武**　一八三九〜一九三一年。佐賀藩出身。岩倉使節団に随行し『米欧回覧実記《べいおうかいらんじっき》』を編集した。歴史学者として帝国大学・東京専門学校で教え、実証的な国史学の基礎をつくった。

▼**枝吉神陽**　一八二二〜六二年。佐賀藩士。国学者。昌平黌《しょうへいこう》に学び、藩校弘道館に国学を教える。容貌魁偉《かいい》の英雄肌で、父枝吉南濠《なんごう》の日本一君論を継ぎ、佐賀藩の勤王派を育成した。

▼**島義勇**　一八二二〜七四年。佐賀藩士。枝吉神陽に国学を学び、江戸に遊学して佐藤一斎《さとういっさい》・藤田東湖に学ぶ。安政年間(一八五四〜六〇)蝦夷《えぞ》・樺太《からふと》を視察して蝦夷地開拓を唱え、維新後北海道開拓にあたる。一八七四(明治七)年佐賀の乱で死刑。

があったが、その後わからなくなっていたのを枝吉らがさがしだしてまつりなおしたもので、執政《しっせい》の鍋島安房《あわ》▲らが賛成して祭式を挙行した。大隈はこの義祭の存在を知り、尊敬する枝吉のもとに参加したのである。この同盟には枝吉の弟の副島種臣《そえじまたねおみ》▲や大木喬任、江藤新平《えとうしんぺい》▲など、のちに明治政府の屋台骨を支える人材が集っていた。彼らはまた、前述の弘道館における国学・史学派でもあった。大隈はこのとき一七歳といまだ年少であり、多感な年ごろに年長者の群れに交わって、政治的な抱負を早くからいだくようになっていったものと思われる。

尊王《そんのう》思想は、幕末においては現状変革を進める思想であった。そもそも徳川《とくがわ》時代の体制は戦国の弱肉強食の闘争がある時点で眠りについた状態であって、国家体制としてはなにかの理念を体現した政治体制ではなかった。しかし泰平《たいへい》の長く続くうちに、知識ある者のうちには本来日本国とはいかなる国であるかという問いが繰り返されるようになり、みずからの国家を言葉で捉え返す行為が幾度となく行われるようになっていった。それは白蟻《しろあり》のごとくにしだいに武家支配の柱梁《ちゅうりょう》を蝕《むしば》んでいくものだった。日本とは天皇が統治する国であるという信念を懐《いだ》く尊王思想においては、中世以来皇室の権が衰えた歴史を、本来の

▼**鍋島安房**　一八一三〜六六年。佐賀藩国老。須古《すこ》藩主。藩の執政となり藩主直正を助けて藩政改革を進める。蘭方医学をいれガラス製造や砲台築造などにもあたった。

▼**副島種臣**　一八二八〜一九〇五年。佐賀藩出身。国漢の学に通暁し、「政体書」(一八六八年)や「職員令《しきいんりょう》」(一八六九年)起草に携わって明治太政官制の創設に貢献したほか、外務卿としてマリア゠ルス号事件の解決や対清外交などにも活躍した(七七ページ写真参照)。

▼**江藤新平**　一八三四〜七四年。佐賀藩出身。江戸鎮台判事《ちんだいはんじ》、文部大輔《たいふ》、左院副議長、司法卿を歴任し、征韓論《せいかんろん》政変で下野。佐賀の乱で敗れて処刑された。

あるべき姿にもどった状態とみる。これは突き詰めれば武家支配の否定である。しかし、水戸学《みとがく》▲はじめ一般的な大義名分《たいぎめいぶん》論ではそこまで突き詰めず、徳川家による、あるいは諸侯《しょこう》による皇室の尊崇が今少し増せば、日本の秩序は名分ともに正しくなると考えていた。ペリー来航当時の尊王論も徳川の体制を否定するものではなく、したがって義祭同盟も執政の鍋島安房が主唱者となっていた。

しかし、やがて幕府が外交でも対朝廷政策でも世上の信を失い、尊王攘夷《じょうい》論が幕政《ばくせい》批判のイデオロギーとなったことから、勤王論を唱えることは倒幕《とうばく》論と混同され、穏健の人びとからは危険思想とみなされるにいたったのである。

枝吉神陽の唱えた尊王論は、一君論《いっくんろん》だった。すなわち君主は天皇しかいないというもので、徳川家が対外的に大君《たいくん》と名乗ることも、それに従う諸大名が諸侯と名乗り、藩士たちが士大夫《したいふ》と名乗ることも、名を乱《みだ》るものという議論である。藩主が藩士に対して君臣《くんしん》ということもまちがいで、それは主従というべきである。主従といえば家の主が家僕《かぼく》に対するのと同様で差しつかえないが、君臣というのは天皇と万民《ばんみん》との関係のみに使うべきである、と枝吉は主張した。幕府や大名自体を否定しているわけではないが、これはかなり過激な反体制論

▼**水戸学**　水戸藩に起こった学風で、国史の編纂過程で発生した名分論《めいぶんろん》を重視する宋学《そうがく》風の学問。藤田幽谷《ゆうこく》・会沢正志斎・藤田東湖らに代表される寛政期《かんせいき》以後の学風を後期水戸学ともいう。国体《こくたい》論や尊王攘夷論を唱えた。

といえる。大隈ら佐賀藩の勤王グループは、その出発点においてかかる尊王思想の影響を受けていたのである。

時勢を知る

義祭同盟の書生《しょせい》グループは、門閥《もんばつ》家や藩吏《はんり》たちとともにする形式的な祭祀《さいし》とは別に、古寺に集って国家の大勢や藩政、藩の教育などにつき、自由に意見を交わす場をもっていた。藩当局はこうした者たちに警戒の目を向けていたが、藩主の寛容さで大目にみていたようである。大隈はこの会の常連であった。

ペリー来航以後の騒然とする情勢下で、諸藩もこれまでのごとく安穏にそれぞれの殻に籠ってはいられなくなった。佐賀ではこれまでも幕府および諸藩の形勢を視察するために武術修行や遊学の名のもとに藩士を選んで派出していたが、さらに多数の藩士を外へだしはじめた。その遊学者の選のうちに、大隈の同志たちもわずかではあるがはいるようになったのである。もっとも多かったのは肥後《ひご》や薩摩《さつま》という近場であるが、それさえあたかも井のなかの蛙《かわず》が井戸をでただけの効果があり、大隈は彼らと連絡をとりあうことで天下の趨勢を知る

藤田東湖

▼藤田東湖　一八〇六〜五五年。水戸藩士。藩主徳川斉昭の側用人《そばようにん》として藩政改革を行い、ペリー来航後は斉昭を補佐して天下の輿望を担ったが、安政の大地震で死去した。

鍋島直正(閑叟)

ことができたという。大隈によれば、他出した者たちはそれまで佐賀があることを知ってみずから日本国人たることを知らず、いわんや世界の一員であるなどという発想をもたなかったのが、藩外にでるにおよんで他と比較する目を養い、これを批評し、みずから実地に経験したところのものをそえて、口から口へとこれを伝えたという。江戸《えど》など遠くへでた者たちは、天下の形勢に関する有名な識者の見解、各藩を代表する人びとの議論、あるいは学校制度、あるいは兵制《へいせい》について、各藩が実施し、また計画中のところの詳細を、報告してきた。

こうした情報は改革派の書生たちにとって貴重な参考材料だった。天下の大勢が早晩必ずや変化することを察知し、学制・兵制・国防などの改革方法を考え、また外国の事情を知る方法を求める必要を悟ったのである。とくに、大隈はじめ青年書生らが熱をあげた存在が藤田東湖《ふじたとうこ》▲と佐久間象山《さくましょうざん》だった。彼らの豪放にして壮快な言葉は、逆境にあってくすぶっていた大隈にとってさながら天国の福音《ふくいん》のごとくだったという。

大隈ら改革派は熱心な尊王攘夷論者の集団であったから、藩主鍋島直正《なおまさ》▲(閑《かん》叟《そう》)が水戸の徳川斉昭《なりあき》と結託することを求めていた。また尊王の大義を藩内外に明らかにするべく、これを盛んに唱えるとともに、藩政の改革を期して運動をしたが、これらはいずれもうまくいかなかった。藩庁の役人たちは彼らの尊王論に対し「藩主をあとにして皇室につくすものだ」といい、「藩士は藩士たる務めを守るべきだ。わが藩をよそにしてみだりに国家のためと口にし、勝手に奔走するとは非理もはなはだしきものだ」と非難したのである。大隈らはこれに対し、「皇室に忠なる者は藩主にも忠である」と答えていたようだ。藩吏たちは時勢が切迫するほどに忙しく、大隈ら書生の言葉に耳を傾けることがなかった。刻下の急務と信じてはかったことも、彼らは無造作に「藩主の喜ばないところである」と機械的に対処してとりあわなかったと大隈は回顧している。藩庁という大きな組織を下から動かすことは、たとえ国家の急務であっても、容易なことではなかったのである。

洋学

さて話を少し戻すと、大隈は蘭学寮で大庭雪斎《おおばせっさい》▲について蘭学を学んでいた。辞書は学校に備付けの『ヅーフ・ハルマ』▲(緒方洪庵《おがたこうあん》所蔵の写本で美濃《みの》紙綴《しとじ》の一四冊

▼**鍋島直正**　一八一四〜七一年。佐賀藩主。家督相続より藩政改革を進めて藩財政を立てなおし、海防を重視して長崎警備のための砲台を築き、また兵器を改良した。賢侯として知られ、維新後は議定・大納言《だいなごん》などに任じられている。

▼**大庭雪斎**　一八〇五〜七三年。佐賀藩医。シーボルト、緒方洪庵らに学び、弘道館蘭学寮の教導となる。のち好生館《こうせいかん》教頭。『訳和蘭《やくおらんだ》文語《ぶんご》』『民間格致問答《みんかんかくちもんどう》』を著わす。

▼**『ヅーフ・ハルマ』**　蘭日辞書。長崎オランダ商館長ヘンドリック＝ヅーフがフランソワ＝ハルマの蘭仏辞書をもとに作成した(一八三三年完成)。蘭学社会唯一の宝書と崇められ、写本によって用いられた。福澤の学んだ適塾でも一組しかなく、会読の前の晩は塾生たちが「ヅーフ部屋」と呼ばれる部屋に集まって勉強していたという。

会沢正志斎

▼会沢正志斎　一七八二〜一八六三年。水戸藩士。藤田幽谷に師事し、また徳川斉昭を教えた。彰考館総裁。著書『新論』は志士たちのあいだで熱心に読まれ、尊王攘夷運動に大きな影響をあたえた。

本。カバー裏写真参照)が一揃いあるだけで、寮の生徒たちはそれを引っ張りあうようにして使用したため各部屋に散らばり、勉強熱心な学生は深夜に各部屋をめぐって用を弁じるありさまだった。懶惰生の大隈は、勤勉な学友を利用してむずかしい字を引いてもらっていたという。彼は若き日から他人の智恵を用いることに長《た》けていたようだ。とくに意を用いて学んだのは大砲術と築城術で、これは長崎砲台の司令長官だった亡父の影響とみられる。

かくして、水戸学の尊王攘夷論に影響を受け、会沢正志斎《あいざわせいしさい》▲の『新論《しんろん》』に熱をあげていた彼も、しだいに攘夷論の不可能を覚るようになっていった。勤王派の先輩である江藤新平は、すでに一八五六(安政三)年に開国《かいこく》を唱え、積極的に海外進出をして富強を実現していくべきだという論策をものしていたし、熱心な攘夷論者の集団であった大隈の同志たちも、長崎に往来し、蘭学をおさめ、あるいは兵制を調査した結果として、自然外国人に対する感情をやわらげるにいたったという。とくに開港後の長崎は京都についで諸藩有志の輻湊《ふくそう》するところであり、江戸・横浜・大坂などと往復する船がつねに出入りして全国の情報が集まってきた。各藩の貿易の実際を目の当りにするばかりでなく、欧米各国の事情にも通じてくることから、世界に対し目を開きやすい位置にいたといえる。

そんななか、一八六〇(万延《まんえん》元)年に、幕府の遣米使節《けんべいしせつ》に加わっていた三人の佐賀藩士が帰朝した。福澤諭吉がはじめてアメリカに渡ったその使節団である。蘭学寮の教職にあった小出千之助《こいでせんのすけ》▲は、これまで諸書で読んできたことの実地をみることをえて、世界の形勢をも聞き込み、今後は弱小国の蘭語よりも英語を学んで世界の知識をえるべきことを痛感して帰朝した。佐賀では彼の視察談が驚異と懐疑とをもって迎えられ、大隈の同志たちのうちにも攘夷派はこれに反発し、開国派は持説《じせつ》のまちがいならざるを確信したという。藩主は翌年、中牟《なかむ》田倉之助《たくらのすけ》▲ら三人に英学の稽古を命じ、長崎に赴いて通詞《つうじ》より英語を学ばせ、藩費をもって英蘭対訳辞書を購入した。もっとも藩主が奨励したところで長い蓄積のある蘭学がただちに英学に変ずることは不可能であった。ただ、大隈は小出と同じ蘭学寮で寝食をともにしていたことから、小出より外国の事情を細大漏らさず聞きだしたものらしく、みずから英学に移り、後進にもその道を奨励して、佐賀藩の英学に道をつけたのである。

一八六一(文久《ぶんきゅう》元)年、蘭学寮が弘道館と合併した際、大隈は蘭学寮の師範

▼小出千之助　一八三二〜六八年。佐賀藩士。弘道館、蘭学寮に学び、万延の遣米使節に加わって米欧から世界を一周して帰国。佐賀藩に英学を興した。大隈とともに蕃学稽古所を設立して教導職となり、一八六七(慶応三)年、パリ万博への佐賀藩使節として渡欧した。

▼中牟田倉之助　一八三七〜一九一六年。佐賀藩士。弘道館、蘭学寮に学んだのち、長崎海軍伝習所伝習生となる。戊辰《ぼしん》戦争では軍艦長として海戦をたたかう。一八七〇(明治三)年兵部省に出仕し、明治海軍の創立・育成に尽力した。

役に任命された。このころ、大隈は藩主の前で講義をする機会があり、オランダ憲法中の皇位継承編の摂政《せっしょう》の条を取り上げ講義したところ、藩主の覚えはなはだめでたかったという。彼は初め砲術から蘭学にはいったが、地理書・自然科学書やナポレオンの伝記なども読んで世界を拡げていった。そしてオランダ憲法を学んで、「夷狄《いてき》の国にもまたかかる良制度があるのか」と感嘆したという。やがて英学に移ってからと思われるが、アメリカ独立宣言を読むことで自由・権利というものを理解し、西洋の文物制度が日本のそれに比して著しく優れていると考え、ひそかにこれを日本に移植しようとの志望を懐いたと、後年述懐している。

大隈は志士的な活動や藩財政に関する仕事などで非常に多忙のなか寸暇を割《さ》いて、途中とぎれとぎれとなりながらも英学を続けたようである。何人かの教師についたがあまりよい教師をえられなかったという。のちに大隈は、自分の一生の憾《うら》みはこの当時政治運動を断然とやめて学事に没頭しなかったことだといっている。維新後、彼が政治家となって多くの学者を用い、大木喬任とともに学制（一八七二〈明治五〉年）をだし、十四年政変で下野《げや》してから早稲田《わせだ》に東京専門学校を開校したのも、彼が人の智恵を用いる政治家であったほかに、この学問・教育への思いが存在していたからだった。

彼が小出と相談して英学校を長崎に設ける運動をしたのは一八六四(元治《げんじ》元)年ごろで、佐賀の藩士を三〇人ほど引きつれて英学の学校をつくった。蕃学稽《ばんがくけい》古所《こしょ》、のちに致遠館《ちえんかん》という名で知られるこの英学校には、佐賀藩士のほか多数の諸藩士が学んだ。教師には一八六七(慶応《けいおう》三)年、アメリカ人宣教師のフルベッキ▲を招いている(村瀬寿代訳編『新訳考証 日本のフルベッキ』)。大隈は英学校を設けるにあたり枝吉神陽の弟で孤高の学者だった副島種臣を誘った。副島は京都・江戸に遊学してつとに幕府の廃止を宮・公卿に入説《じゅせつ》した一君論者だったが、慎独《しんどく》の君子で党を求めず学者間から異端視されていた。長州《ちょうしゅう》戦争中、木屋《こや》瀬《せ》の陣中に大隈が見舞ったとき、副島は銃をついて長歎息し、「万巻の書を読破して一兵卒となる。かくして自分はむなしく斃《たお》れねばならぬか」ともらしたという。不遇にあった副島を大隈は英学校の監督として長崎へつれだし、ともにフルベッキのもとで勉強した。フルベッキは、彼らが優秀な学生で、聖書やアメリカ合衆国憲法などを学んだと証言している(一八六八〈明治元〉年五月四日

▼**フルベッキ**　一八三〇～九八年。アメリカの宣教師。一八五九(安政六)年来日し、長崎で宣教のかたわら日本人の教師などをした。明治政府の顧問格に迎えられて大学南校《なんこう》の教頭もつとめた。

付書簡)。もっとも、その学習法は対照的だったようだ。副島が漢学者らしく日に一ページないし二ページを字引と首っ引きで読み込み、朱筆で文字の両側に注釈と翻訳を書き込んで独りほくほくとしていたのに対し、大隈の勉強法は書物の大要をつかむというもので、フルベッキが日本語に通じているのをいいことに、読みたい本をフルベッキに訳させてこれを聞き、それによって必要と思った英書はたいてい読了したといわれる。

大隈と副島はおよそ一年半フルベッキに聖書を学んだということだが、それが事実であれば英学校への招致以前からフルベッキについて学んでいたことになる。この聖書研究は後述のごとく、維新に際して大隈がキリスト教問題を外交談判したときにその威力を発揮した。「耶蘇《やそ》くさい」と周囲から悪評を立てられつつ学んでいたことが、皮肉にもキリスト教をめぐる外国代表との交渉で日本側に有利に働いたのだった。大隈は算術もフルベッキから学び、これが明治政府で財政を担当するのに役立ったと述べている。また副島は維新政府に召しだされてより早々に、明治政府最初の憲法にあたる「政体書《せいたいしょ》」(一八六八年)を起草した。三権分立を謳《うた》い官吏の公選を宣言したこの政治制度について、イギリ

フルベッキ

副島種臣

長崎遊学時代の大隈重信(後列右)

スの外交官だったアーネスト＝サトウ▲は、アメリカの政治学説の影響が歴然とあらわれており、フルベッキの弟子である大隈と副島がこの法令制定に大きな役割をもっていたとみられる、と書き残している(『一外交官の見た明治維新』下)。このフルベッキのもとでの学習は、大隈・副島それぞれ一身の学習にとどまらず、明治国家の建設に大きな力を発揮するものだったといえよう。

藩財政にかかわる

蘭学寮の学生には、漢学生とは異なる副収入があった。外国人とのあいだに通弁にはいるのである。外国貿易を望む商人たちはしばしば彼らに通弁を頼んだという。安政の条約で長崎が開港すると私貿易が会所《かいしょ》貿易▲を圧倒して、英語を話せる者が長崎の諸藩士間におおいに幅をきかせた。同様に、藩にとっても通弁は必要な存在であった。

鍋島家では長崎防備の必要上、オランダから軍艦を購入して海軍を創設しようとしたが、その代価は巨額にのぼったことから、大坂にて藩の物産を販売し、貿易に力をいれてこれを弁済していた。大隈や江藤新平らはその衝にあたる代《かわり》

▼アーネスト＝サトウ　一八四三〜一九二九年。イギリスの外交官。通訳生として一八六一(文久元)年来日。日本語通訳官・書記官として維新期の日英外交にかかわる。一八六六(慶応二)年に英字新聞に著わした論説が「英国策論」として流布した。

▼会所貿易　長崎貿易は長崎会所が貿易統制を行っており、運上を幕府財政とする幕府の貿易事業だった。これは条約未済国の清国商人を相手とする俵物《たわらもの》などの貿易で、条約締約国との貿易とは異なるものだった。

品方《しなかた》につとめて貿易のあいだに立ったため、いきおい藩の財政状態を知るにいたったのである。藩では財政を豊かにするためにさまざまな事業を試み、それを大隈らにも相談した。大隈には理財の天稟《てんぴん》があったのか、ここでその能力を発揮したようである。彼は富国策を打ち出し、「藩の物産のみでは規模が小さい。物産は長崎の貿易で消化して、金は上方の市場で流通させるから、双方脈絡《みゃくらく》を通じて貿易の支配権を握るべきだ」と主張し、代品方の規模を拡張し、大坂と長崎に商館を設立してこれに資本をあたえ、有能な吏員と商人とによって通商貿易を拡張する企画を立てた。意外にも乱暴書生の大隈の意見は代品方財務の故老《ころう》たちの推服《すいふく》するところとなり、藩政を握る鍋島河内《かわち》は一教員の大隈に藩の金庫にある秘蔵金の一部を委任し、運動費として手形で金二〇〇〇両をあたえたという(『久米博士九十年回顧録』上)。

大隈はこれによって商人と交際し、その実態を学ぶことをえた。彼がそれまで交際してきた相手は学生や吏員で、士人一般の気風として商売を卑《いや》しんでいたのが、洋学によって外国事情にも通じ、実際に商人と交際したことで、意識がまるで変化したという。彼は蘭学寮に身を落ちつけていることはなく、時に教室にいたかと思うと長崎丸山《まるやま》の遊里《ゆうり》にのぼっていたりと、活発に奔走していたが、機密に関する活動でもあったことから周囲には国事奔走《こくじほんそう》に托して不良なことを企てているようにみられていた。大隈は後年にいたるまで豪奢な生活が身についており、それはこの当時の運動より身についたものと思われる。「財界は質素倹約のみでは活動できない」と彼はいっている。また彼は英学校を拡張するための資金を商人と結託することでえようとし、江戸や大坂への物産売りさばきを商人たちに吹き込んだという。

結果的には、大隈が商人たちと巨利を博そうと企てた計画は、あるいは問屋仲間などの商業慣習や、あるいは藩吏の誤解による妨害など、さまざまな理由で多く失敗に帰した。しかしこうした活動を通じて、大隈は商業経済に関する多くの経験を積み、その後の財政を担う力を養ったといえるのである。

組織を動かす困難

このように大隈は通常の藩吏とは異なる道をあゆんだのであるが、他方で彼が求め続けたことは、藩をあげての皇室・国家への献身であった。しかし、それは幕末のあいだにはついに果たせない夢であった。藩主鍋島閑叟は一八六一(文久元)年に隠居をしたものの、その後も藩政の実権を握り続けていた。彼はその英名の高さから天下の輿望を担っていたけれども、混迷をきわめる時局に対しては保守的態度をとっていた。また藩政では独裁を行っていたので、有志の者が下から有力家臣《かしん》に働きかけたとしても閑叟が動かなければ藩を動かすことはできなかった。そこで江藤新平のように、脱藩して京都の公家《くげ》に働きかけ、外から鍋島家を動かそうという窮余の策までなされたのである。だが、中央政局にでていった閑叟は大隈らの期待に反して朝廷と幕府とのあいだの弥縫策《びほうさく》をとったのみで終り、雄藩としてなんら重要な働きをすることがなかった。

もっとも、閑叟が独裁をしいて藩政を維持したことで、大隈らが救われた面もある。佐賀藩士のうちで志士の活動をする者たちがあるいは脱藩をし、あるいは大きな紛擾《ふんじょう》を起こした場合でも、閑叟の寛容さによって厳罰に処されずにすんだからである。佐賀藩が他の諸藩に往々みられたような骨肉の党派争いに陥ることをまぬがれたのは、この閑叟の舵取りがあずかって大きかったと思われる。副島も江藤も大隈も、いずれも脱藩をして国事運動をしながら厳科《げんか》をまぬがれており、これが結果的に、維新後佐賀藩士が新政府に進出したときの人材供給源となったのである。ただ、閑叟が藩をあげての国事運動を行うことはなかった。副島種臣は青蓮院宮《しょうれんいんのみや》▲に京都への派兵を約束して処罰されているし、大木喬任は長州に助力を約束しながら果たすことができなかった。佐賀の志士たちは藩を代表した活動ができなかったのである。

大隈らは、桜田門外《さくらだもんがい》の変《へん》、文久の国事周旋、長州戦争など、機会あることに藩を動かそうとさまざまに働きかけた。同志の楠田英世《くすだひでよ》▲はたびたび激烈な建言をしながら用いられず、怏々《おうおう》として楽しまなかったが、ある日、侍臣《じしん》が藩主直大《なおひろ》▲のために経書を講ずる席で、列席していた彼は講義中突然に質疑を発し、言をその端に托してしだいに純然たる時勢論を展開し、藩政を非議するにいたった結果、君側を退けられたという。大隈ら有志は時には隠密の行動をし、権謀《けんぼう》術数《じゅつすう》を弄《ろう》し、場合によっては皇室を擁《よう》して天下に覇者《はしゃ》たらんとまで極言して藩吏らを扇動したが、いずれも失敗に帰したと大隈は回顧している。彼らは人材の登用を主張したけれども、それに応じて行われた人事は彼らの党派からは用いられず、反対党の者たちがあげられ、要路の者も動くことはなかった。

▼**青蓮院宮**　一八二四〜九一年。朝彦親王《あさひこしんのう》。仁孝《にんこう》天皇の養子となり、一八五二(嘉永五)年青蓮院門跡《もんぜき》を相続。条約勅許反対・一橋《ひとつばし》慶喜擁立運動をする。国事御用掛《ごようがかり》となり公武合体《こうぶがったい》に尽力、一八六三(文久三)年八月十八日の政変を起こす。王政復古後は徳川慶喜と通謀の嫌疑で親王位などをとめられた。のち復帰して神宮に奉仕。

▼**楠田英世**　一八三〇〜一九〇六年。佐賀藩士。戊辰戦争では越《えち》後口《ごぐち》の副総督に任じられ、その後新潟県知事、司法省明法頭《みょうほうのかみ》などをへて元老院議官《げんろういんぎかん》となる。

▼**鍋島直大**　一八四六〜一九二一年。佐賀藩主。直正の引退により襲封。戊辰戦争には上野・東北戦争へ出兵した。廃藩置県《はいはんちけん》後イギリスへ留学。一八八〇(明治十三)年特命全権公使イタリア在勤。帰朝後は元老院議官《げんろういんぎかん》、貴族院《きぞくいん》議員、宮中顧問官《きゅうちゅうこもんかん》などを歴任。

失望して英学に打ち込んでいた大隈が国事について再度運動を始めたのは長州再征問題においてであった。大隈らは閑叟を動かして幕府の征長をやめさせようとしたのである。このとき佐賀藩が征長に反対する立場を明確にしていたならば、あるいは大隈の目論んだとおり、佐賀藩はわずかの労で薩長に肩をならべて志士たちのあいだに声望をえたことだろう。しかしこのような勧誘もまた、閑叟を動かすことはできなかった。

ここに大隈は脱藩して運動をするにいたった。彼が長崎の副島を誘って行ったのが、徳川慶喜《よしのぶ》▲に大政《たいせい》の返上を働きかけるという、大政奉還《ほうかん》の運動である。一八六七(慶応三)年三月のことだった。幕府の長州再征は失敗に帰し、天下の人心がいよいよ不穏に赴きつつあるなか、幕府はみずから反省してその罪を謝罪し、すみやかに政権を返上する挙にでなければ、朝廷よりそれを要求されるにいたり、天下の人びとも干戈《かんか》をもってそれを強いるにちがいない。そう大隈は時勢をみていた。副島と大隈は慶喜の腹心の原市之進《はらいちのしん》▲に面会してこれを説いたけれども、一介の書生にすぎない彼らの説に原が耳を傾けることはなく、やがて二人は藩吏らによって国許へ送還され、謹慎に処されたのである。この行

▼**徳川慶喜**　一八三七〜一九一三年。徳川十五代将軍。水戸徳川斉昭の七男で一橋家を嗣ぐ。文久幕政改革では将軍後見職《こうけんしょく》として幕政を指導。一八六四(元治元)年禁裏守衛総督《きんりしゅえいそうとく》・摂海防禦指揮《せっかいぼうぎょしき》となり京都政局で活躍。将軍家茂薨去《いえもちこうきょ》後、徳川宗家《そうけ》を相続、将軍職に就任するも、ほどなく一八六七(慶応三)年大政奉還を行う。王政復古後、鳥羽・伏見の戦いにより朝敵《ちょうてき》となる。

▼**原市之進**　一八三〇〜六七年。水戸藩士。藤田東湖に学ぶ。一八六一(文久元)年大橋訥庵《おおはしとつあん》と老中《ろうじゅう》安藤信正《あんどうのぶまさ》襲撃を謀議。その後一橋慶喜に従い京都にのぼり、慶喜に近侍《きんじ》して補佐したが、暗殺される。

動を起こすに際し、長崎から大坂へ向かう船のなかで、大隈と副島は土佐《とさ》藩の後藤象二郎《ごとうしょうじろう》▲と一緒であり、大政奉還を献言する計画を打ち明けたという話が大隈・副島両者の証言で残っている。結局、藩の後ろ盾がない大隈らは失敗し、土佐藩を代表して交渉しえた後藤は成功した。人はその説を聞かずしてその人に聞くものである、と大隈はいっている。

最終的に佐賀藩が動いたのは鳥羽《とば》・伏見《ふしみ》の戦い▲のあとであった。その間、大隈は再度の脱藩を決行して江戸へいき、王政復古《おうせいふっこ》にゆれる京都の事情をみて急遽帰国し、閑叟に現下の事情を説いている。大隈が閑叟に謁見《えっけん》を許され国事を説くのは、これがはじめてだった。王政復古クーデタという情勢の急展開が藩政府を狼狽《ろうばい》させ、脱藩の罪をおかした一介の書生である大隈に謁見を許すにいたらせたのである。大隈は王政復古が薩長の野心によるものでないこと、縦《よ》し野心があったとしても佐賀藩がこれに加わって重きを加えれば薩長は野心をたくましくすることができないこと、この機を逃さずすみやかに上京して皇室につくさねば大事は去り、かえってこれまでの閑叟の功業も晩節を汚すであろうことを熱心に説いた。だが、閑叟はただ「委細聞きおく」と答えたのみだったと

▼**後藤象二郎**　一八三八〜九七年。高知藩出身。藩主山内容堂《やまうちようどう》の信任をえて藩政にあずかり、徳川慶喜に大政奉還の建白《けんぱく》を行った。明治政府では参与・参議。征韓論政変で下野して実業に手をだすも失敗する。自由党に加わり大同団結運動を行った。のちに逓信大臣・農商務大臣。

▼**鳥羽・伏見の戦い**　一八六八(明治元)年一月三日に京都南方の鳥羽・伏見で起こった幕府軍と新政府軍との軍事衝突。薩長の新政府軍が勝利し徳川慶喜は大坂湾から軍艦で江戸へ帰った。これにより徳川慶喜は朝敵となり戊辰戦争が始まった。

いう。大隈は門閥・重臣に重ねて働きかけたが、藩の出兵は遅々として進まず、閑叟の出兵上京は鳥羽・伏見の戦いに敗れた徳川慶喜が大坂から江戸に逃げ帰ったあとになってしまった。大隈によれば、閑叟は政治情勢に関するこれまでの藩吏の報告が幕府側の情報にかたより、幕府に不利な情報を薩長の捏造にでるものと判断して報告してこなかった事実を知り、おおいに憤激したようだ。しかしすでに機に遅れたのである。上京した閑叟は在京の志士より「国歩《こくほ》艱難《かんなん》の日にあたり漁夫の利を狙い、手をこまねいて一兵をも朝廷に出さなかった」と面と向かって難詰《なんきつ》される屈辱をしのばねばならなかった(的野半助『江藤南白』上)。

新政府の人材登用

佐賀の藩吏たちは、この最後の段階にいたって動きだした。薩長と気脈を通じて事をなそうとする者は自由行動にでてよいという指示がだされたのである。これにより副島種臣は長崎より上京して佐賀藩の立場を新政府に陳弁し、江藤・大木も藩命を受け上京した。彼らは新政府に登用されてその能力を発揮していくことになる。

大隈は長崎にでた。鳥羽・伏見の戦いの報をえた長崎奉行河津伊豆守《かわづいずのかみ》▲は一八六八(明治元)年一月十五日ごろ長崎を脱出し、長崎は無政府状態となったので、長崎にいた一六藩の代表者が会議して管轄することとなり、大隈もそこに加わったのである。ついで長崎裁判所が開設されると、大隈は副参謀となり運上《うんじょう》所《しょ》係をかねた。長崎奉行は諸書類を持ち去ったか捨てたかしたとみられ、外交事務は混乱をきわめていたのであるが、大隈はやむをえざる場合とみて二カ月の期限を設け、内国人との取引上その他において権利を有する外国人はこの期間中に訴え出るよう告示した。そして山のごとくだされた書類をつぎつぎに裁断していったのである。その事務は乱暴といえば乱暴であり、各国領事をはじめ日々抗議してくる外国人と論争しなければならなかった。薩摩藩士の松方正《まつかたまさ》義《よし》らはこれを心配して譲歩の策を提案したけれども、大隈は断乎《だんこ》拒んで日々論争に臨み、ようやくにしてこれを切りぬけたという。彼の才幹は長崎で認められ、長崎裁判所総督の沢宣嘉《さわのぶよし》▲からも頼りにされるようになっていった。

大隈が中央の政府に認められたのはキリスト教問題での外交談判においてで

▼**河津伊豆守**　?～一八六八年。幕臣。一八五四(安政元)年箱館《はこだて》奉行支配調役《しはいしらべやく》として蝦夷地の改革、開拓に取り組む。一八六三(文久三)年外国奉行となり、横浜鎖港《さこう》談判にフランスへいき、逆に開国の必要を悟ってパリ約定に調印して帰国する。

▼**沢宣嘉**　一八三五～七三年。公卿。一八六二(文久二)年国事御用書記となり攘夷貫徹の運動をする。一八六三(文久三)年八月十八日の政変で都《みやこ》落ち。平野国臣《ひらのくにおみ》らと但馬生野《たじまいくの》に挙兵するも失敗。王政復古後、九州鎮撫《ちんぶ》総督兼外国事務総督、長崎裁判所総督をへて一八六九(明治二)年外務卿となる。

ある。もともと長崎は隠れキリシタンの多い土地で、旧幕府はこれを寛容に付してきたのであるが、幕末にいたり外国人宣教師の教会にキリシタンが駆け込み信仰を告白したことで事態が明るみにでてしまった。仏葬を拒否する者もあいつぎ、これらキリシタンに対して憎しみをいだく住民が危害を加えんばかりになったことで、幕府は彼らの捕縛に踏み切った。ところがフランスがこれに抗議をし、幕府が軽い処分で彼らを釈放した結果、彼らキリシタンは極刑にも付されないことがわかったうえ外国を後ろ盾と恃《たの》むようになったものか、信徒数が増加するにいたったのである。長崎裁判所はこれを放置しておくことができず、浦上《うらがみ》村の信徒たちを一挙に捕縛し、これを諭《さと》して改心を迫ったが、もとより改心する兆しもみえない。外国公使らは新政府に激しく抗議を加え、たちまち一大外交問題に発展したのである（家近良樹『浦上キリシタン流配事件』）。

大坂へでた大隈は、事情を知るものとして待ち構えていた新政府高官たちにより外交談判の場へ連れ出された。閏《うるう》四月三日、東本願寺《ひがしほんがんじ》において各国使臣らと議定《ぎじょう》・参与《さんよ》らの列席のもと談判が行われ、そこにおいて大隈はイギリス公使ハリー＝パークス▲と舌戦を交えることとなった。パークスはその雷のごとき怒

▼**ハリー＝パークス**　一八二八〜一八八五年。イギリスの外交官。アヘン戦争に参加。一八六五(慶応元)年、駐日特命全権公使兼総領事として来日。改税約書《かいぜいやくしょ》の締結や条約勅許という成果をあげる。薩長に接近し維新政局に影響をあたえた。

気を駆使し、前任地の清国《しんこく》においても日本においても、威圧的な外交を行ってきたことで知られる。旧幕以来の日本役人の外交はおおむねおだやかなる態度をもって相手を遇し、持ち込まれた諸問題に対処してきていたが、それらは外からみて退譲的《たいじょうてき》とも映り、攘夷に燃える青年たちの切歯扼腕《せっしやくわん》していたことである。新政府にとってもまた、毅然《きぜん》たる外交態度を持することが望まれたが、関東・東北との戦争が展開しているなか列強からの承認と支持はなにより必要であり、強腰の外交はむずかしかった。だが、大隈がとった外交態度は硬派のそれだった。

彼はまず、これは内政問題であり、そもそも談判の必要はないと述べたのである。はたして激怒したパークスがテーブルを打って怒鳴るのに対し、大隈は重ねてキリスト教の害を説き、ヨーロッパにおける宗教戦争の歴史から日本におけるキリスト教禁止の経緯を論じて、宗教の争いほどひどいものはなく、この事件も人民間の争いになるところをやむをえず手をくだしたのだと陳じたのだった。パークスはますます怒って論じ立てたが大隈も屈せず、十時より十六時にいたるまで論争を行った。談判は平行線だったようだが、日本側が意見を屈しなかったことで、以後パークスもこの問題について威圧的な手段をとらなくなった。フルベッキのもとでキリスト教に関する研究をした成果がこの論争を通じて発揮されたのである。このことは、幕末において大隈が内向きの攘夷論に終始せず、西洋について研究し知識を開いていったことが、結果的に日本国家の独立にかかわる外交交渉において力を発揮したのだといえよう。

そして、当日列席した太政官《だじょうかん》の高官たちは、この大隈の外交態度に快哉《かいさい》を叫び、その才幹《さいかん》を認めた。大隈は登用試験に及第《きゅうだい》したのである。閑叟もこれまでただの乱暴者と思っていた大隈が意外の面目をほどこしたのでおおいに喜んだという。佐賀藩では七月、大隈を藩に大功あった者として、准国老《じゅんこくろう》の待遇をすることになった。ついで大隈はさまざまな外交問題を処理して実績をあげた結果、この年末には、太政官の外国官副知事に抜擢された。外交部門の事実上のトップである。これは前任者である小松帯刀《こまつたてわき》▲の推薦によるのであるが、木戸孝允もまたその半年前から大隈を副知事に推していたから、それもあずかっていたと思われる。佐賀藩内では長く不遇におかれてきた一書生の大隈を、明治政府は国政の中枢に登用した。弱冠三一歳であったが、新政府は門閥や年功と

▼**小松帯刀** 一八三五〜七〇年。薩摩藩家老。島津《しまづ》久光《ひさみつ》に抜擢され、大久保《おおくぼ》利通《としみち》らと提携して薩摩藩の国事活動を主導した。薩長同盟の結成に参画し、徳川慶喜の大政奉還にも薩摩藩を代表して諮問にあずかる。新政府の参与となり、外交関係をつかさどった。

いった信用の力よりも実力の有無をその組織づくりの大きな要素に取り入れ出発したのである。

更なる峰へ

世の道をあゆむことは大きな山をのぼるのと同じで、すでに一つの峰の頂《いただき》に達したと思うと、さらに高峻なる一峰の屹立《きつりつ》するのをみるものだ、と大隈は述べている。幕末において大隈は、幕府を倒して王政《おうせい》を確立し、因循《いんじゅん》姑息《こそく》の政策をやめて活発機敏に内外の政治を処断することを望んではいたが、その先のことはなにも考えていなかったという。しかし幕府が倒れてみずからが外交の局にあたってみたことで、はじめてその先がみえてきたようだ。大隈は外交折衝において贋悪《がんあく》貨幣問題を取り扱ったことから財政にもかかわらざるをえず、財政を担うようになってのちは、全国の大名《だいみょう》が割拠している状況を解消しなければならないことが明瞭にみえてきたようである。廃藩《はいはん》置県《ちけん》が行われたのは王政復古よりわずか四年後のことだった。

　廃藩置県が断行されたことで、全国の武家《ぶけ》はその根拠を失い、失業した武士たちはあらたな生き方を探さねばならなくなった。そこに福澤諭吉がだした本が『学問のすゝめ』である。「天は人の上に人を造らず人の下に人を造らずと言えり」と高らかに語りだすこの本は、その後五年にわたって書き継がれて、あるときは政府が人民の名代《みょうだい》であることを説き、あるときは民権《みんけん》を論じ、学者の私立を説くなど、つぎつぎに新しい時代の課題を提起していった。だが重要なことは、右の大隈の山登りのたとえにみられるように、維新《いしん》変革ははじめからその全体像をみとおしていたわけではなかったということだ。

　幕末に青春を送った二人の洋学書生《ようがくしょせい》は、ともに砲術《ほうじゅつ》を学ぶことを糸口に蘭学《らんがく》に進みながらも、まったく異なる行路をたどって新時代を迎えた。福澤は早くに藩を飛びでて、外から組織に働きかけをした。彼は洋学を学び海外に旅したことで藩士社会を越える大きな視野を獲得し、またナショナルな見地から封建《ほうけん》割拠の弊害をいち早く看取した。彼は西洋で行われているような学問こそが日本を文明開化《ぶんめいかいか》して諸外国の侮《あなど》りから防ぐ方途であると信じ、著述に教育に奮起して、維新変革の方向を指し示すにいたった。

大隈は蘭学も洋学も学者風の勉強法をとらず、かつ国学《こくがく》の学習や尊王攘夷《そんのうじょうい》運動とともにこれを行っていたという点では、福澤とは異なり志士的な洋学書生であった。彼は漢学生《かんがくせい》が正規にたどるコースをはずれたことで蘭学を始め、その結果、攘夷の考えはしだいにやわらぎ、また藩の財政にもかかわって経験を積むことができた。大隈の場合、藩という組織のなかでこれを動かそうとして動かず、維新の土壇場まで藩を動かすことはできなかった。彼は尊王思想によって国家的な見地から藩を相対化しえていたけれども、藩のなかにいる以上それを動かすことは困難だったのである。だが、彼が洋学によってえた力はより広い視野と実力を彼にあたえ、明治国家をつくる力となった。

本書は二人の洋学書生がどのようにして幕末における高峰をのぼり、旧社会を脱けだしていったかを、駆け足でみてきた。彼らはいずれも険しい道をたゆまずのぼったことで、人にさきんじて更なる峰をみるにいたった人物である。明治の舞台に登場した二人の革命推進者が、その後いかに旧社会を破壊しあらたな建設を行ったかは、また別の物語に譲るのがよいだろう。

写真所蔵・提供者一覧（敬称略，五十音順）

茨城県立歴史館　p. 70右
大分県立先哲史料館　カバー裏
慶應義塾図書館　p. 3上，31下，34
弘道館事務所　p. 72
国立国会図書館　p. 77左上・下
財団法人大阪観光コンベンション協会　p. 24
財団法人鍋島報效会　カバー表，p. 70左
日本近代史研究会　p. 31上
福澤研究センター　p. 45，51
明治学院歴史資料館　p. 77右上
ユニフォトプレス　本扉上
横浜市立大学学術情報センター　p. 31中
霊山歴史館　p. 62下
早稲田大学大学史資料センター　p. 3下
早稲田大学図書館　本扉下，p. 62上

参考文献

アーネスト＝サトウ『一外交官の見た明治維新』下，岩波書店，1960年
アルバート＝M.クレイグ『文明と啓蒙』慶應義塾大学出版会，2009年
家近良樹『浦上キリシタン流配事件』吉川弘文館，1998年
五百旗部薫『大隈重信と政党政治』東京大学出版会，2003年
石河幹明『福澤諭吉伝』全4巻，岩波書店，1932年
占部百太郎編『福澤先生哀悼録』みすず書房，1987年（初出1898年）
円城寺清『大隈伯昔日譚』冨山房，1938年（初出1895年）
大隈侯八十五年史編纂会編『大隈侯八十五年史』全3巻，1926年
岡義武『近代日本の政治家』岩波書店，2001年
小川原正道『福沢諭吉　「官」との闘い』文芸春秋，2011年
奥島孝康・中村尚美監修『エピソード大隈重信125話』早稲田大学出版部，1989年
久米邦武『久米博士九十年回顧録』上，早稲田大学出版部，1934年
慶應義塾編『福澤諭吉書簡集』全9巻，岩波書店，2001～03年
慶應義塾編『福澤諭吉全集』全21巻，岩波書店，1958～64年
慶應義塾ほか編『未来をひらく　福澤諭吉展』慶應義塾，2009年
五来欣造『人間大隈重信』早稲田大学出版部，1938年
佐藤能丸『志立の明治人』上，芙蓉書房出版，2005年
島善高『大隈重信』佐賀県立佐賀城本丸歴史館，2011年
島内嘉市『年譜考　大木喬任』アピアランス工房，2002年
高谷道男編訳『フルベッキ書簡集』新教出版社，1978年
遠山茂樹『福沢諭吉』東京大学出版会，1970年
徳富猪一郎『蘇翁感銘録』宝雲舎，1944年
中野礼四郎『鍋島直正公伝』全7冊，侯爵鍋島家編纂所，1920～21年
中村尚美『大隈重信』吉川弘文館，1961年
日本史籍協会編『大隈重信関係文書』全6巻，東京大学出版会，1970年
ひろたまさき『福沢諭吉』朝日新聞社，1976年
福沢諭吉事典編集委員会編『福沢諭吉事典』慶應義塾，2010年
藤野保『佐賀藩』吉川弘文館，2010年
松枝保二編『大隈侯昔日譚』報知新聞社出版部，1922年
的野半助『江藤南白』上，南白顕彰会，1914年
丸山幹治『副島種臣伯』大日社，1936年
村瀬寿代訳編・W.E.グリフィス著『新訳考証 日本のフルベッキ』洋学堂書店，2003年
毛利敏彦『幕末維新と佐賀藩』中央公論新社，2008年
早稲田大学編『図録大隈重信』早稲田大学出版部，1988年
早稲田大学社会科学研究所編『大隈文書』全5巻，1958～62年
早稲田大学大学史資料センター編『大隈重信関係文書』1～7巻，みすず書房，2004～11年
渡辺幾治郎『大隈重信』大隈重信刊行会，1952年
渡辺幾治郎『文書より観たる大隈重信侯』故大隈侯国民敬慕会，1932年
渡辺浩『東アジアの王権と思想』東京大学出版会，1997年

					長となる
1896	29	63		59	***9***- 第２次松方正義内閣の外務大臣として入閣
1897	30	64		60	***3***- 農商務大臣を兼摂。***11***- 辞職
1898	明治31	65	***1-5***『福澤全集』刊行	61	***6***- 板垣退助と憲政党内閣を組閣し首相となる。***11***- 憲政党内閣倒れる
1899	32	66	***6***-『福翁自伝』刊行	62	
1900	33	67	***2***-「修身要領」発表	63	
1901	34	68	***2***- 死去	64	***12***- 憲政本党総理となる
1907	40			70	***1***- 憲政本党総理を辞する。***4***- 早稲田大学総長となる
1908	41			71	***4***- 大日本文明協会創立
1914	大正３			77	***4***- 首相となり第２次大隈内閣を組閣
1916	5			79	***10***- 内閣総辞職
1922	11			85	***1***- 死去

1872(明治５)年12月３日までは陰暦による。

			おりる。この年,『西洋事情』外編刊行		判事に任じられる。閏*4*- 大坂にてイギリス公使とキリスト教問題の談判。*8*- 外国官判事専任となる
1869	明治2	36	*11*- 書物問屋組合に加入。この年,『世界国尽』刊行	32	*1*- 参与兼外国官副知事となる。*5*- 会計官副知事専任。*7*- 大蔵少輔兼民部大輔となる
1870	3	37	*5*- 熱病に罹り一時危篤に陥る。閏*10*- 中津に帰郷し「中津留別の書」を著わす	33	*7*- 大蔵大輔専任となる。*9*- 参議に任ぜられる
1872	5	39	*2*-『学問のすゝめ』初編刊行。*8*- 慶應義塾衣服仕立局・出版局設立	35	
1873	6	40	*10*- 大阪慶應義塾開校	36	*5*- 井上馨・渋沢栄一辞職にともない大蔵省事務総裁となる
1874	7	41	*6*- 三田演説会創設。この年,明六社に名を連ね活動する	37	*4*- 台湾蕃地事務局長官として台湾出兵に尽力
1875	8	42	*8*-『文明論之概略』刊行	38	*4*- 地租改正事務局御用掛となる
1879	12	46	*8*-『国会論』『民情一新』刊行	42	
1880	13	47	*1*- 交詢社発会	43	*2*- 大蔵卿をやめ参議専任となる。*5*- 外債募集による紙幣整理を提起する
1881	14	48	*9*-『時事小言』刊行。*10*- 明治十四年の政変により慶應義塾関係者が官から逐われる	44	*10*- 明治十四年の政変により参議辞任
1882	15	49	*3*-『時事新報』創刊	45	*3*- 立憲改進党結党。*9*- 東京専門学校を創立
1884	17	51	*12*- 甲申事変で亡命してきた朝鮮の開化派を庇護する	47	*12*- 立憲改進党を脱する
1888	21	55		51	*2*- 伊藤博文内閣の外務大臣となり条約改正に尽力
1889	22	56		52	*10*- 来島恒喜に爆弾を投げつけられ負傷し条約改正中止。*12*- 外務大臣を辞職し枢密顧問官に任じられる
1891	24	58		54	*12*- 立憲改進党にはいり会

福沢諭吉・大隈重信とその時代

西暦	年号	福澤諭吉 齢	福澤諭吉 おもな事項	大隈重信 齢	大隈重信 おもな事項
1834	天保5	1	***12***- 大坂中津藩蔵屋敷内に生まれる		
1836	7	3	***6***- 父百助死去		
1838	9	5		1	***2***- 佐賀会所小路に生まれる
1844	弘化元	11		7	この年，弘道館外生寮蒙養舎にはいる
1850	嘉永3	17		13	***6***- 父信保死去
1853	6	20	この年，御固め番事件	16	***1***- 内生寮に入舎
1854	安政元	21	***2***- 蘭学修行のため長崎にでる	17	***5***- 義祭同盟に加わる
1855	2	22	***3***- 大坂にて緒方洪庵の適塾に入門	18	***6***- 弘道館を退学させられる
1856	3	23	***9***- 兄三之助死去。家督相続	19	***10***- 蘭学寮にはいる。枝吉神陽について国典を学ぶ
1858	5	25	***10***- 蘭学塾を開く	21	
1859	6	26	この年，英学を始める	22	
1860	万延元	27	***1-5*** 万延の遣米使節に随行しアメリカへいく。***11***- 幕府外国方に雇われる。この年，『増訂 華英通語』を出版	23	
1861	文久元	28		24	この年，弘道館教官となり，藩主に和蘭憲法を進講。このころより英学を開始
1862	2	29	***1〜12***- 文久の遣欧使節に随行し，ヨーロッパ各国を訪問	25	
1864	元治元	31	***10***- 外国奉行支配翻訳御用を命ぜられる	27	この年，藩当局に経済策を進言して採用される
1865	慶応元	32	***10***- 中津藩に「御時務の儀に付申上候書付」を提出	28	このころ長崎に英学塾を設立
1866	2	33	***9***- 幕府に「長州再征に関する建白書」を提出。***10***-『西洋事情』初編刊行	29	
1867	3	34	***1-6*** アメリカへいく。この年，『西洋旅案内』ほか刊行	30	***3-5*** 将軍徳川慶喜に大政奉還を勧めるため脱藩するが佐賀に送還される
1868	明治元	35	***8***- 幕府より暇願の許可が	31	***3***- 徴士参与職外国事務局

池田勇太(いけだ ゆうた)
1978年生まれ
東京大学大学院人文社会系研究科博士課程修了
専攻，日本近代史
現在，山口大学人文学部准教授
主要著書・論文
『維新変革と儒教的理想主義』(山川出版社2013)
「明治初年の開化論と公論空間」
(塩出浩之編『公論と交際の東アジア近代』東京大学出版会2016)
「元田永孚における開国論への転換」(『異文化研究』11号2017)

日本史リブレット人 076
福澤《ふくざわ》諭吉《ゆきち》と大隈重信《おおくましげのぶ》
洋学書生の幕末維新

2012年５月20日　１版１刷　発行
2021年６月30日　１版３刷　発行

著者：池田勇太《いけだゆうた》

発行者：野澤武史

発行所：株式会社 山川出版社

〒101－0047　東京都千代田区内神田１－13－13
電話 03(3293)8131(営業)
03(3293)8135(編集)
https://www.yamakawa.co.jp/
振替 00120-9-43993

印刷所：明和印刷株式会社

製本所：株式会社 ブロケード

装幀：菊地信義

Printed in Japan ISBN 978-4-634-54876-3

日本史リブレット人

1 卑弥呼と台与 — 仁藤敦史
2 倭の五王 — 森公章
3 蘇我大臣家 — 佐藤長門
4 聖徳太子 — 大平聡
5 天智天皇 — 須原祥二
6 天武天皇と持統天皇 — 義江明子
7 聖武天皇 — 寺崎保広
8 行基 — 鈴木景二
9 藤原不比等 — 坂上康俊
10 大伴家持 — 鐘江宏之
11 桓武天皇 — 西本昌弘
12 空海 — 曽根正人
13 円仁と円珍 — 平野卓治
14 菅原道真 — 大隅清陽
15 藤原良房 — 今正秀
16 宇多天皇と醍醐天皇 — 川尻秋生
17 平将門と藤原純友 — 下向井龍彦
18 源信と空也 — 新川登亀男
19 藤原道長 — 大津透
20 清少納言と紫式部 — 丸山裕美子
21 後三条天皇 — 美川圭
22 源義家 — 野口実
23 奥州藤原三代 — 斉藤利男
24 後白河上皇 — 遠藤基郎
25 平清盛 — 上杉和彦
26 源頼朝 — 高橋典幸
27 重源と栄西 — 久野修義
28 法然 — 平雅行
29 北条時政と北条政子 — 関幸彦
30 藤原定家 — 五味文彦
31 後鳥羽上皇 — 杉橋隆夫
32 北条泰時 — 三田武繁
33 日蓮と一遍 — 佐々木馨
34 北条時宗と安達泰盛 — 福島金治
35 北条高時と金沢貞顕 — 永井晋
36 足利尊氏と足利直義 — 山家浩樹
37 後醍醐天皇 — 本郷和人
38 北畠親房と今川了俊 — 近藤成一
39 足利義満 — 伊藤喜良
40 足利義政と日野富子 — 田端泰子
41 蓮如 — 神田千里
42 北条早雲 — 池上裕子
43 武田信玄と毛利元就 — 鴨川達夫
44 フランシスコ＝ザビエル — 浅見雅一
45 織田信長 — 藤田達生
46 徳川家康 — 藤井譲治
47 後水尾院と東福門院 — 山口和夫
48 徳川光圀 — 鈴木暎一
49 徳川綱吉 — 福田千鶴
50 渋川春海 — 林淳
51 徳川吉宗 — 大石学
52 田沼意次 — 深谷克己
53 遠山景元 — 藤田覚
54 酒井抱一 — 玉蟲敏子
55 葛飾北斎 — 大久保純一
56 塙保己一 — 高埜利彦
57 伊能忠敬 — 星埜由尚
58 近藤重蔵と近藤富蔵 — 谷本晃久
59 二宮尊徳 — 舟橋明宏
60 平田篤胤と佐藤信淵 — 小野将
61 大原幽学と飯岡助五郎 — 高橋敏
62 ケンペルとシーボルト — 松井洋子
63 小林一茶 — 青木美智男
64 鶴屋南北 — 諏訪春雄
65 中山みき — 小澤浩
66 勝小吉と勝海舟 — 大口勇次郎
67 坂本龍馬 — 井上勲
68 土方歳三と榎本武揚 — 宮地正人
69 徳川慶喜 — 松尾正人
70 木戸孝允 — 一坂太郎
71 西郷隆盛 — 德永和喜
72 大久保利通 — 佐々木克
73 明治天皇と昭憲皇太后 — 佐々木隆
74 岩倉具視 — 坂本一登
75 後藤象二郎 — 村瀬信一
76 福澤諭吉と大隈重信 — 池田勇太
77 伊藤博文と山県有朋 — 西川誠
78 井上馨 — 神山恒雄
79 河野広中と田中正造 — 田崎公司
80 尚泰 — 川畑恵
81 森有礼と内村鑑三 — 狐塚裕子
82 重野安繹と久米邦武 — 松沢裕作
83 徳富蘇峰 — 中野目徹
84 岡倉天心と大川周明 — 塩出浩之
85 渋沢栄一 — 井上潤
86 三野村利左衛門と益田孝 — 森田貴子
87 ボアソナード — 池田眞朗
88 島地黙雷 — 山口輝臣
89 児玉源太郎 — 大澤博明
90 西園寺公望 — 永井和
91 桂太郎と森鷗外 — 荒木康彦
92 高峰譲吉と豊田佐吉 — 鈴木淳
93 平塚らいてう — 差波亜紀子
94 原敬 — 季武嘉也
95 美濃部達吉と吉野作造 — 古川江里子
96 斎藤実 — 小林和幸
97 田中義一 — 加藤陽子
98 松岡洋右 — 田浦雅徳
99 溥儀 — 塚瀬進
100 東条英機 — 古川隆久

〈白ヌキ数字は既刊〉